Um dia, uma vida

Um dia, uma vida

Seleção dos obituários da *Folha de S.Paulo*

ORGANIZAÇÃO E APRESENTAÇÃO Leão Serva

TRÊS ESTRELAS

EDITOR Alcino Leite Neto
EDITORA-ASSISTENTE Rita Palmeira
COORDENAÇÃO DE PRODUÇÃO GRÁFICA Mariana Metidieri
PRODUÇÃO GRÁFICA Iris Polachini
CAPA E FOTO Luciana Orvat
PROJETO GRÁFICO DO MIOLO Mayumi Okuyama
EDITORAÇÃO ELETRÔNICA Jussara Fino
PREPARAÇÃO Camila Prado
REVISÃO Cacilda Guerra e Carmen T. S. Costa
ÍNDICE ONOMÁSTICO Guilherme Magalhães

Dados Internacionais de Catalogação na Publicação (CIP)
(Câmara Brasileira do Livro, SP, Brasil)

Um dia, uma vida: seleção de obituários da *Folha de S.Paulo* / organização e apresentação Leão Serva
São Paulo: Três Estrelas, 2015.

Vários autores.

ISBN 978-85-68493-04-5

1. Folha de S. Paulo (Jornal) – História
2. Jornalismo 3. Obituários I. Serva, Leão.

14-12155 CDD-920.081

Índices para catálogo sistemático:
1. Obituários: Brasil 920.081

Este livro segue as regras do Acordo Ortográfico da Língua Portuguesa (1990), em vigor desde 1º de janeiro de 2009.

TRÊS ESTRELAS

Al. Barão de Limeira, 401, 6º andar
CEP 01202-900, São Paulo, SP
Tel.: (11) 3224-2186/2187/2197
editora3estrelas@editora3estrelas.com.br
www.editora3estrelas.com.br

Sumário

Introdução

Uma vida em poucas palavras

Leão Serva

Elefantes, nas longas migrações sazonais, costumam desviar sua rota para visitar o local onde morreram familiares. Ali, ficam parados por um longo período, como se velassem. Não raro, choram, ainda que a perda do ente querido tenha ocorrido tempos antes.

Muitas espécies manifestam tristeza diante da morte. Os livros de etologia são prenhes de exemplos desse tipo. Gralhas que morrem de depressão ao perder o companheiro; gatos que param de comer após o desaparecimento de um cônjuge; fêmeas primatas que, a fim de não se separar dos filhos, carregam seus corpos até que eles se desfaçam completamente. E fatos assim não ocorrem apenas entre indivíduos de uma mesma espécie. Há muitas histórias de cães que não saem de perto de seus donos recém-falecidos. O aclamado primatólogo Frans de Waal, em *A era da empatia*, conta a história de Bobby, o cachorro que por catorze anos guardou o túmulo do dono e foi enterrado perto dele, em Edimburgo, na Escócia.

De todos os animais, no entanto, nenhum outro se dedica tanto à morte quanto o homem. Sua cultura é marcada desde sempre pelo desenvolvimento de ritos destinados a lidar com o fim da vida. Entre os resquícios das culturas mais antigas, foram descobertos utensílios ao lado de sepulturas. E a análise destas revelou que nossos ancestrais não se preocupavam somente em enterrar e cobrir de pedras aqueles que morriam, um modo de evitar que predadores comessem os restos das pessoas queridas: faziam-no sepultando também armas, objetos pessoais e alimentos; e pintando os esqueletos com pigmentos. "Não existe praticamente qualquer grupo arcaico, por muito 'primitivo' que seja, que abandone os seus mortos ou os abandone sem ritos", explica Edgar Morin, em *O homem e a morte*.

Esse funeral primordial já continha essencialmente o que caracteriza os ritos contemporâneos: a tentativa de superar o limite imposto pela morte, seja pelo prolongamento da vida com a ajuda da memória, seja por crenças religiosas na imortalidade, reencarnação ou ressurreição.

A universalidade dos ritos de morte e a relação profunda que estabelecem com o desenvolvimento da civilização levaram Morin a afirmar que "a sociedade funciona não apenas apesar da morte e contra a morte, mas também que só existe como organização, pela morte, com a morte e na morte". Para o filósofo francês, a cultura é feita da necessidade de transmitir os conhecimentos adquiridos às novas gerações, para driblar esse destino inescapável.

Como um espelho do mundo, ou um estrato complexo da cultura de seu tempo, o jornalismo não poderia deixar de refletir a relação paradoxal que os homens têm com a morte, esse misto de medo e determinação para vencer os limites impostos pela natureza finita da vida.

Não é por outra razão que os jornais tratam do falecimento de pessoas com tanto esmero. Se não existe boa notícia em jornalismo, como diz uma máxima da imprensa, de todas as más notícias, nenhuma é "melhor" (como matéria-prima para o jornal) do que a morte: da pessoa famosa, mesmo que natural; do anônimo, quando contém um traço trágico ou inusual; de várias pessoas ao mesmo tempo ou multidões quando expostas à guerra ou a um desastre natural.

É por isso que é tão significativa a publicação desta coletânea. Obituários, em essência, documentam a vida de pessoas célebres, mas também reconhecem e homenageiam o caminho percorrido por aqueles que, não sendo famosos, tiveram vidas valorosas, obtiveram reconhecimento e admiração junto aos seus familiares ou colegas de trabalho. Assim, os 150 textos que compõem este livro não são reportagens jornalísticas habituais. São exemplos de um gênero peculiar de notícia, com relatos sobre a vida de pessoas recém-falecidas, publicados na seção que lista as mortes ocorridas, as missas de sétimo dia, as de um mês ou as de um ano, ou os ritos correspondentes nas religiões não cristãs.

Os obituários diários só ganharam espaço na *Folha de S.Paulo* no início do século XXI. Antes disso, na seção muito objetivamente denominada "Mortes" havia apenas uma relação de nomes e referências sucintas. A partir de 2007, o jornal passou a publicar as pequenas biografias, tendo como modelo os obituários da imprensa anglo-saxã, cujo prestígio nos países em que saem é tanto que os grandes jornais chegam a fazer vários deles por dia. A seção de obituários do *New York Times* conta com alguns dos melhores redatores do diário, e um lugar nela é ambicionado pelos jornalistas, como conta Matinas Suzuki em *O livro das vidas*, coletânea de obituários do jornal americano. O mesmo vale para os grandes jornais britânicos.

É interessante notar que, enquanto um texto do jornalismo clássico, ao noticiar uma morte, geralmente destaca o aspecto final da epopeia (o início do texto, sempre dedicado à informação mais importante, vai contar como se deu o passamento), o obituário traz à tona principalmente o enredo de uma vida, reduzindo substancialmente o espaço dedicado ao momento final, a não ser que este tenha grande significado para a biografia. Lide é o nome que se dá ao início de um texto jornalístico e deve resumir aquilo que de mais relevante contém a notícia, respondendo a estas seis perguntas essenciais: Quem? O quê? Quando? Onde? Por quê? Como?

A notícia de uma morte no jornalismo convencional começaria desta maneira: "Fulano de Tal morreu ontem em São Paulo, vitimado por uma doença rara, aos tantos anos". Assim ocorre normalmente com o texto de gênero informativo, conforme a definição clássica de José Marques de Melo. Um obituário, entretanto, está livre das amarras do lide clássico. O seu foco está nas realizações que marcaram a vida da pessoa. Por isso, predomina a ênfase na qualidade da narrativa, fundamental para tornar a reportagem sobre o falecido uma história de grande interesse para os leitores em geral, como explica o jornalista Francisco de Assis, coautor com Marques de Melo de *Gêneros jornalísticos no Brasil*.

Para o autor de um obituário o que importa é a história a ser contada. Sendo assim, ele pode eleger como tema um feito realizado por uma pessoa de quem apenas alguns poucos ouviram falar, como Donato D'Ângelo, ortopedista que tratou de um adolescente que perdera parte da perna após um acidente de trem. O menino viria a se tornar o "Rei" da música brasileira, e Roberto Carlos ao longo da vida retribuiria com manifestações de carinho o tratamento recebido pelo médico. Em outros tantos casos, o assunto do obituário pode ser alguém que se dedicou a apoiar, como coadjuvante incógnito, uma pessoa famosa. Foi o caso de Angelo Margarido, que, para auxiliar a amiga cega Dorina Nowill, produziu bengalas e até aprendeu a ler em braile.

Como em um romance, em algumas mortes, o acaso ou o amor impressionam e emocionam, como no episódio com Nereide Alves de Barros, que, dois dias após desfilar no Carnaval fantasiada de coração, sofreu um infarto e morreu. Ou então no de Diva e Italvino, que viveram juntos durante 65 anos e, doentes, faleceram quase simultaneamente no mesmo quarto de hospital, lado a lado, após ele sonhar que ela havia morrido. Casos assim não são totalmente raros. Como as gralhas e os gatos, humanos também entregam os pontos diante da perda de quem amam.

Muitas pessoas que ao longo da vida permaneceram no anonimato revelam-se protagonistas de histórias tão surpreendentes ou exemplares que entram para o "hall da fama" dos obituários de um jornal. Como a "Vovó Pode-Pode", apelido dado a Elza Schwarz, porque, dizia-se, ela deixava os netos fazerem em sua casa tudo o que os pais proibiam na deles. O apelido, porém, também se aplicava a Elza por uma façanha que ela realizara, demonstrando que podia mesmo fazer o que quisesse: aprendeu a pilotar aviões escondida do pai, nos machistas anos 1940.

°

Para muitos, vida e feito se confundem. Adherbal Maia até agregou "do Samaritano" a seu nome, como se o hospital onde trabalhava fizesse parte de seu registro civil; Isaías Ambrósio foi o primeiro funcionário do Maracanã; Cláudio de Souza foi o sétimo contratado da editora Abril... Obituários são tão significativos que Humberto Braga, que era advogado e escritor, quis redigir o próprio.

Um antigo mito grego conta que a alma, antes de se depositar em uma pessoa que vai nascer, escolhe a vida que terá. Tudo está acordado, todos os detalhes de cada minuto de cada dia de cada ano de todo o percurso que será vivido. Feitas as escolhas, determinadas as missões e suas consecuções, as almas iniciam o longo caminho rumo ao mundo dos vivos. Durante esse percurso, elas atravessam um rio chamado Lete, ou Esquecimento. Sedentas, bebem de suas águas e, como deve ser, esquecem o destino que escolheram, perdem o mapa do caminho de sua vida. As narrativas do mito não dizem isso, mas tenho certeza de que ao final da vida, no caminho de volta ao mundo dos mortos, as almas rememoram o acordo e sua realização, e só então se dão conta da missão cumprida.

Há implicitamente uma espécie de intenção divina no trabalho dos jornalistas que escreveram os textos deste livro: diariamente, eles tentavam decifrar em poucas linhas a essência de uma vida, como se tivessem que desvendar o mapa deixado à margem do rio do Esquecimento. A cada dia, o texto publicado na seção "Mortes" deve retratar toda a riqueza de uma biografia em pouco mais de mil caracteres, cerca de duzentas palavras. Quanto melhor o texto, mais o redator terá conseguido captar a alma de seu personagem. É um funeral jornalístico, laico como são os jornais.

Leão Serva é colunista da Folha S.Paulo, *jornal de que foi editor e secretário de Redação. É autor de, entre outros,* Um tipógrafo na Colônia *(Publifolha, 2014).*

MIGUEL IDALGO

O primeiro patrão de Lula

Quando Miguel Serrano Idalgo carimbou a carteira do jovem que aos quinze anos batera em sua porta pedindo um emprego, não imaginava que aquele pernambucano obstinado pudesse um dia deixar sua empresa para ir tão longe na carreira e na vida.

Idalgo era dono da Fábrica de Parafusos Marte, em São Paulo, quando contratou Luiz Inácio da Silva como office-boy. Em quatro anos, o garoto teve o salário dobrado e tornou-se torneiro mecânico, profissão que o levaria a outras metalúrgicas e ao movimento sindical.

Idalgo acompanhou essa ascensão. Ele guardava ainda o livro grosso com o primeiro registro profissional que Lula assinara na vida. E sempre votava em "Luiz".

Não que fosse de esquerda – seu pai, espanhol da Andaluzia que imigrou para ser colono em uma fazenda de café em Piracicaba, era adepto do franquismo. O próprio Idalgo votara em Getúlio Vargas, em Eurico Gaspar Dutra, em Jânio Quadros. Porém, desde que seu ex-empregado se aventurou na política, eram dele todos os seus votos.

Quando Lula ganhou a eleição, em 2002, e foi até a fábrica Marte – então dirigida pelo filho de Idalgo – visitar os antigos colegas, o patrão percebeu que um ciclo estava se fechando.

Idalgo foi um homem forte, que mesmo aos noventa anos não deixava de ir ao baile dançar tango, samba e bolero com sua mulher. Quando ela morreu, há cerca de cinco meses, ele desistiu da vida, segundo a família. Em 23 de outubro, teve uma parada cardíaca no hospital. Deixou dois filhos e quatro netos.

25.10.2007

MARIA ELISABETE FIGUEIREDO HART

A eterna voz do Oscar

Quem viu a entrega do Oscar pela TV Globo nas décadas de 1980 e 1990 tem na memória a voz de Maria Elisabete Figueiredo Hart. Sem nunca mostrar o rosto, a intérprete virou sinônimo do prêmio na televisão brasileira.

Por mais de quinze anos ela recebeu elogios por sua pronúncia e entonação, e críticas, por traduzir cada detalhe da cerimônia, inclusive as piadas. Aos poucos foi se tornando mais sintética. Dizem os críticos mais ácidos que, com o passar dos anos, dava para ouvir o som local do teatro onde acontece o Oscar.

Nascida no Rio de Janeiro, Hart foi viver nos Estados Unidos depois que se casou. Ficou lá por dez anos. Tinha orgulho de ter aprendido inglês no dia a dia, não na escola.

Sua voz ecoou na TV pela primeira vez em 1981, quando narrou, ao vivo, o casamento do príncipe Charles com a princesa Diana. Dois anos depois, virou intérprete do Oscar na Globo. Participou, também pela Globo, da primeira transmissão simultânea de uma guerra, a do Golfo, em 1991, traduzindo os comentários da CNN.

Hart tinha dois filhos, três netos e duas paixões: o samba da Mangueira, que a levou ao sambódromo por seguidos treze anos, e o futebol do Flamengo, que costumava acompanhar no Maracanã. Ela morreu em 29 de outubro de câncer, aos 64 anos, no Rio.

30.10.2007

JOSÉ ARLINDO PASSOS CORREA

O maior devedor do Banco do Brasil

José Arlindo Passos Correa levava uma vida pacata em uma bela casa em Votuporanga, interior de São Paulo, ao lado da mulher e dos dois filhos. Era dono de empresas e fazendas, mas ficou conhecido em todo o país como o maior devedor de crédito agrícola da história do Banco do Brasil.

Quando uma revista publicou um perfil pouco elogioso sobre ele, em 1999, sua dívida com o banco era de 300 milhões de reais – valor que, quase dez anos depois, estimava-se que passasse de 500 milhões e que, somado a outras dívidas dele com o Fisco e bancos oficiais, chegaria a 1 bilhão de reais. Foi uma conta que ele nunca pagou, pois julgava injustos os juros cobrados.

Tampouco foi punido pelos mais de trezentos processos contra suas empresas. Tinha tantos credores que uns tentam tomar dos outros algum naco de seus bens. Por isso é provável que o maior deles e o último da fila de espera, o Banco do Brasil, nunca veja a cor do dinheiro devido. Se os bens de Correa fossem vendidos, seria preciso pagar os impostos atrasados, depois dívidas trabalhistas e o que sobrasse iria para o banco.

Cardíaco, Correa sentiu dores no peito em 30 de outubro e foi levado pela família para um hospital em São José do Rio Preto. Morreu de infarto, aos 58 anos.

2.11.2007

VICENTE GRATAGLIANO

Pracinha e palmeirense

Quando Vicente Gratagliano entrou naquele navio com os outros pracinhas, pensou que iria para a Bahia fazer exercícios militares. Nem imaginava que passaria catorze dias vomitando, ao atravessar o Atlântico com a Força Expedicionária Brasileira rumo à guerra da Europa.

O palmeirense nascido no Brás passara a infância jogando bola, indo pouco à escola e trabalhando como engraxate. Era vendedor de peixes quando foi chamado pelo Exército, em 1944, e partiu para a Itália no primeiro pelotão da primeira companhia do primeiro batalhão do sexto regimento.

"Todos morriam de medo, mas ao mesmo tempo a gente tentava mostrar valentia diante dos companheiros, para não parecer fraco", dizia, sempre que encontrava ouvidos atentos. Cada médico do hospital, nos últimos meses, sabia de suas histórias em detalhes. A preferida era a da condecoração recebida por ter matado dois alemães em uma engenhosa emboscada no meio da neve.

Ele, porém, não se orgulhava dos tiros e preferia não fazer as contas de quantas "vidas inimigas" tirara na guerra. Orgulhava-se, sim, do amor por uma italiana, lembrança que até hoje azeda a memória da família. Voltou para o Brasil e foi feirante até 1977. Desde então, dedicava-se a fazer casinhas de papelão para as crianças do bairro.

Internado na UTI, delirando, reclamava do tamanho da trincheira em que havia sido colocado. "Não vão caber os outros soldados", balbuciava. Morreu pensando na guerra. Mas estava no hospital, em São Paulo, e tinha 88 anos.

4.11.2007

WALDEMAR CHODREN

O morador mais antigo do bairro José Mendes

Waldemar Chodren percorria os corredores do Palácio do Governo, em Florianópolis, com a altivez de quem conviveu intimamente, por mais de três décadas, com secretários e governadores de Santa Catarina.

Em casa, nos grandes almoços de domingo com a família reunida, o peixe imperava no cardápio e os políticos dominavam o assunto. Chodren se referia a eles pelo primeiro nome: "O Esperidião [Amin] me falou isso, veja só". E assim por diante.

Chodren era um "manezinho" de carteirinha, orgulhoso de ter nascido na Ilha de Santa Catarina no início no século XX, quando ainda se ia de barca para o continente, pois a primeira ponte seria construída anos mais tarde, sob seu olhar atento. Vangloriava-se de ser o morador mais antigo do bairro José Mendes, encravado nas encostas da região central da ilha e em cujas praias praticava o remo – era do Clube de Regatas Aldo Luz quando o esporte tinha glamour na cidade.

Aposentado, o antigo porteiro do Palácio Rosado (hoje sede do Museu Histórico de Santa Catarina) passava tardes caminhando pelas ruelas do centro antigo, entre idas ao Mercado Público – onde escolhia "o melhor peixe para o melhor prato" – e conversas fiadas na Praça XV sobre causos políticos.

Fumante inveterado por décadas, ele só largou o cigarro ao descobrir que estava doente. Deixou cinco filhos, doze netos e oito bisnetos ao morrer no hospital, em 5 de novembro, de enfisema pulmonar, em Florianópolis. Tinha 96 anos.

12.11.2007

MOYSÉS DEUTSCH

O doutor Bom Retiro

O roteirista logo pensou no médico mais conhecido do Bom Retiro, bairro paulistano, ao criar o personagem que salvaria uma vida em *O ano em que meus pais saíram de férias*. Porque dedicara a vida toda ao consultório na rua Três Rios, atendendo dentro e fora da comunidade judaica, muitas vezes de graça, o nome do médico Moysés Deutsch foi mencionado no filme do diretor Cao Hamburger.

Nascido em Israel, Deutsch migrou com os pais para o Brasil aos onze anos e foi morar no Bom Retiro. Clínico geral formado no Rio de Janeiro, foi no bairro que ele abriu seu consultório e se casou com Branca, que o acompanharia por toda a vida – inclusive quando saía de madrugada, com as calças sobre os pijamas, para atender emergências da vizinhança.

Ele mesmo se reconhecia como o médico do povo, papel inspirado no pai, Lazar Deutsch, um rabino comerciante que fazia as vezes de conselheiro no bairro. Moysés, por sua vez, foi inspiração para os médicos da comunidade judaica e para o seu próprio filho, Cláudio, também médico e vice-presidente do Hospital Israelita Albert Einstein.

Há três anos escreveu, com pesar, a carta demissionária ao conselho de medicina, para aposentar-se. Tinha dois filhos, quatro netos e uma bisneta, que nasceu pouco antes de sua internação. Morreu no hospital, em 11 de novembro, de causas naturais. Tinha 93 anos.

13.11.2007

MARIA PENTEADO DE MELLO PEIXOTO

Uma vida à espera do Natal

Todos os dias, sem falta, Maria Penteado de Mello Peixoto folheava os álbuns de fotografias da família, que guardam, em suas páginas amareladas, nove décadas de história de uma mulher cercada por café e poder.

Maria nasceu no começo do século XX, em Campinas, onde a família tinha grandes fazendas de café. Aos vinte anos foi para São Paulo viver no Palácio dos Campos Elíseos – era filha do deputado Heitor Penteado, nomeado vice-presidente do estado.

Ela tinha orgulho de seu nome, cada parte remontando a um barão do café ou a um político – nome que ganharia mais pompa após o casamento com Geraldo Gomide de Mello Peixoto, presidente do Banco Pecúnia e neto de Francisco Peixoto Gomide. Ainda são de sua família as locações do Palacete Chavantes, edifício construído nos anos 1930 pela família do então senador Peixoto Gomide e que guarda, no pórtico de entrada, a representação em alto-relevo de uma colheita de café.

Tempos que ficaram para trás. "Sempre pintadinha e com um batonzinho", ela passava a vida sozinha, na bela casa dos Jardins que ganhou dos filhos após a morte do marido. Lá viveu por dezesseis anos com Luzia, empregada que se lembra dos momentos de bondade ou severa impaciência da patroa, que passava o ano esperando o Natal, quando os frangos com farofa e perus com compotas de frutas – tudo feito em casa – atraíam os quatro filhos, nove netos e onze bisnetos. Morreu de infarto, no hospital, em São Paulo. Tinha 94 anos.

14.11.2007

CARLOS ROBERTO DOS SANTOS

Corria feliz entre as bombas de gasolina

A família diz que quem conheceu Carlos Roberto dos Santos quando mais jovem e o via nos últimos tempos não o reconhecia. Havia sete anos ele deixara de beber – e sua vida mudou da água para o vinho. O vício era visto por todos como seu maior defeito.

Nascido no Tatuapé, em São Paulo, ele passou lá uma infância de criança livre: gostava de brincar de bola na várzea e era desde aquela época "fanático roxo" pelo Corinthians, com direito a camisas, bandeiras e pôsteres.

Casado, foi viver no Itaim Paulista. Na sua casa simples, ele organizava grandes churrascos para a família e os amigos, durante os quais esbanjava piadas. Foi uma fase feliz da sua vida. No último encontro, chegou a brincar com a situação financeira, dizendo que "no próximo Natal ninguém vai comer frango, mas coisa bem melhor".

"Todas as profissões ruins ele teve", conta uma pessoa da família do frentista, que foi também pedreiro e encanador, sempre acompanhando o mesmo patrão, Osvaldo, amigo de infância e dono da empresa hidráulica e do posto de gasolina onde trabalhou.

Ele gostava do emprego no posto e nos últimos dias corria feliz por entre as bombas de combustível, dizendo: "Minha moto vai chegar na segunda-feira!". Mas ela não chegou.

Testemunhas dizem que o viram abrir o celular enquanto descarregava 15 mil litros de combustível de um caminhão. A explosão o deixou com 76% do corpo queimado. Ele permaneceu sedado no hospital até o dia 22 de novembro, quando morreu, aos 45 anos. Deixou quatro filhos, um neto, uma esposa triste e um carnê de consórcio para pagar.

23.11.2007

MAX ERNST MANGELS

O herdeiro dos baldes

Max Ernst Mangels era o "seu Max" para todos os funcionários da Mangels, empresa de galvanização que herdara do pai e que passou ao filho depois de ter se dedicado a ela por mais de cinquenta anos.

Nascido em São Paulo, Mangels foi em 1945 para os Estados Unidos estudar engenharia mecânica. De volta ao Brasil, foi trabalhar na empresa do pai – que viera da Alemanha nos anos 1920 para trabalhar com galvanização na Mooca. Percebeu que as pessoas, na falta de sistema de encanamento, carregavam água em baldes importados, que eram caros e enferrujavam. Teve um *insight* e decidiu fazer baldes galvanizados, cujo banho de zinco permitia ao aço "durar para sempre".

Mangels começou na empresa do pai aos 25 como engenheiro e alguns anos depois já era o presidente – foi em sua "segunda geração" que a empresa passou a produzir, nos anos 1950, rodas e autopeças. Mas nunca abandonou os galvanizados.

Por 45 anos, Max se dedicou também à Associação Cristã de Moços. Religioso, chegou a ser eleito "voluntário do ano". Como sempre fazia aos domingos, em 17 de novembro ele foi à igreja presbiteriana, falou com os amigos, sorriu bastante.

Morreu na madrugada seguinte, em casa, aos 84 anos, quando "o coração simplesmente parou enquanto ele dormia". Tinha três filhos e quatro netos.

24.11.2007

MENEZIS BALBO

O futebol do usineiro

Usineiro de Sertãozinho, Menezis Balbo gostava de ser o maior e o primeiro. Fosse como um dos maiores produtores de açúcar de São Paulo ou como autor do primeiro gol do estádio local – ele se orgulhava da figura que criara, a do empresário futebolista do interior.

Começou a carreira dirigindo um caminhão-pipa para molhar as ruas de terra em dias de muita poeira. Era mecânico quando assumiu as empresas do pai. Sob seu comando, o Grupo Balbo ergueu duas usinas, pioneiras na produção de açúcar orgânico e de energia de bagaço. O novo passo seria a terceira usina, prevista para 2008. A mensagem que daria a notícia aos empregados estava pronta e prometia que lá haveria um campo de futebol.

Camisa 10 do time de Sertãozinho, meia-esquerda e palmeirense roxo, autor de 2 mil gols em trinta anos, foi dele o primeiro tento marcado na inauguração do estádio municipal, o Fredericão, em 1968. O evento é lembrado por uma placa na entrada do estádio. Quando, em maio, o time de veteranos do Corinthians jogou contra os locais, foi difícil identificar os jogadores de Sertãozinho, pois todos eles usavam a camisa 10, que tinha o nome de Menezis nas costas.

Tinha dois filhos e cinco netos. Morreu em 20 de novembro, de infarto, aos oitenta anos, e foi velado na usina de Sertãozinho. A cidade decretou luto oficial de três dias.

26.11.2007

MARIA ELIANA DA CUNHA ARAGON ANTINOLFI

O preço da vaidade

"Ela tinha 55 anos, mas aparentava 35." Uma beleza que desfilava nas praias de Florianópolis e que tinha seus segredos. Ela fazia questão de mantê-los.

A publicitária Maria Eliana da Cunha Aragon Antinolfi trabalhou em grandes agências na sua Porto Alegre natal até 2000, quando quis deixar para trás as dores que "Porto" lhe trazia. Lá havia perdido seu marido em um trágico acidente de carro e lá morrera sua filha, de dezesseis anos, impossibilitada de andar ou falar desde o nascimento.

Maria Eliana foi para Florianópolis morar com os tios. Logo se tornou conhecida no mercado publicitário, mas também na Praia Mole, onde passava as tardes de sol, e nos bares da boêmia Lagoa da Conceição, como o reduto cult Confraria das Artes.

"Era muito vaidosa", dizem as irmãs, que nunca a viram mal vestida. "Sempre fez cirurgias, para tirar uma gordurinha aqui, melhorar o seio ali" – ao todo foram cinco. Viraram um hábito de Maria Eliana. "Não tenho medo da morte", dizia, cada vez que uma das irmãs a alertava sobre os riscos.

Na última lipoaspiração, ela sofreu uma fibrilação cardíaca – os médicos acreditam em uma interação medicamentosa – e morreu, em 22 de novembro, aos 55 anos, em Florianópolis.

27.11.2007

ALEXANDRE KAFKA

Um conselheiro dos diretores do FMI

Primo distante do escritor tcheco Franz Kafka (1883-1924), Alexandre Kafka saiu de Praga para fugir da metamorfose nazista por que passava parte da Europa durante a Segunda Guerra Mundial. Chegou ao Rio de Janeiro em 1941.

Três anos depois, iria montar o departamento de estudos econômicos da Federação das Indústrias do Estado de São Paulo (Fiesp), a convite de Roberto Simonsen. No mesmo ano, foram criados o Banco Mundial e o Fundo Monetário Internacional (FMI), e Kafka foi indicado para trabalhar para o segundo, em sua sede em Washington.

No FMI, o economista formado em Oxford se tornaria o funcionário mais longevo da instituição, o diretor-executivo do Brasil que mais tempo ficou nesse cargo (32 anos, de 1966 a 1998) e o decano do conselho de diretores, prestigioso cargo que acumulou nos últimos 21 anos na casa.

Além do aspecto formal – é o decano quem faz oficialmente o convite ao candidato escolhido para ser diretor-geral do FMI e é ele quem lhe dá posse –, o cargo é oferecido ao economista mais experiente da instituição. Experiência não faltava ao diretor que acompanhou todas as crises econômicas brasileiras desde o início da ditadura militar até o primeiro mandato do presidente Fernando Henrique Cardoso.

Aposentou-se em 1998 e, nos últimos anos, doente, foi deixando aos poucos de frequentar a instituição. Seus sucessores imediatos foram Murilo Portugal e Paulo Nogueira Batista.

"Ele teve papel importante no trabalho de fortalecer o sistema monetário internacional ao promover uma parceria verdadeiramente global entre países mais e menos avançados economicamente", disse Dominique Strauss-Kahn, diretor-gerente do Fundo,* que elogiou o multilateralismo do tcheco naturalizado brasileiro. "Foi um dos economistas brasileiros mais importantes da sua geração", disse Nogueira Batista. "Era muito respeitado porque tinha habilidade diplomática, era muito vigoroso na defesa de seus pontos de vista e tinha grande conhecimento técnico. É uma pena."

Viúvo de Rita, Alexandre Kafka deixou as filhas Doris e Barbara, e cinco netos.

2.12.2007

* Diretor-gerente do FMI entre 2007 e 2011. [N.E.]

LUIZA SATO

A massagista dos famosos

Um dia aquela nissei magrinha, passos curtos e olhos apertados, saiu dizendo que curaria a doença dos filhos com massagem. Acabou criando uma técnica que virou moda em São Paulo, estampando seu nome em trinta casas de shiatsu em bairros nobres da cidade.

Luiza Sato nasceu em Bastos (SP), segunda de onze filhos de um nissei e uma japonesa. Em São Paulo, formou-se em contabilidade, trabalhou em um banco, teve dois filhos, tudo muito normal – mas os meninos tossiam sem parar e ela decidiu buscar uma cura para a bronquite alérgica.

Dizia que a procura revelou Zenzo Yamamoto, mestre japonês de shiatsu já idoso, que viu em seu interesse a chance de continuar a tradição. Cada vértebra, afirmava, corresponde a um ponto do corpo. Um toque no lugar certo e haveria cura.

A partir de seus ensinamentos, ela criou o "método Luiza Sato" – uma mistura de shiatsu com alongamento, respiração e exercícios –, que caiu nas graças das madames paulistanas.

Pelas suas mãos e pelas mãos das centenas de terapeutas treinados por ela passaram os corpos de gente famosa, como a mulher e os filhos de Antônio Ermírio de Moraes e o ex-presidente Fernando Henrique.

Ela tinha dois filhos e não gostava de revelar a idade. Morreu em 2 de dezembro, de derrame, em São Paulo.

4.12.2007

JAYME PASMANIK

O terno e a moda

A vitrine do número 791 da rua Oscar Freire, em São Paulo, deixa entrever as roupas que Camila Pitanga vestiu no último desfile da Cori – hoje uma das marcas mais badaladas da moda brasileira, mas que surgiu quando Jayme Pasmanik, homem dedicado à religião na comunidade judaica paulistana, e seu pai decidiram abrir um pequeno negócio.

A empreitada deu certo – por trinta anos, Pasmanik foi presidente do grupo Cori, hoje com 27 lojas. O engenheiro civil nascido em Campinas, filho de judeus romenos, colecionaria ainda outros cargos de direção. Foi do conselho administrativo da Fiesp, do conselho deliberativo do Hospital Albert Einstein e da Câmara Brasil-Israel de Comércio e Indústria.

E por outros trinta anos foi presidente da congregação judaica ortodoxa Beit Chabad, ainda que abdicasse do quipá e das costeletas e defendesse, quando era o caso, posicionamentos liberais. Talvez por esse trânsito facilitado entre as orientações do judaísmo, chegou à presidência estadual da Federação Israelita, em 1977.

Em 2006, entregou nas mãos do prefeito Gilberto Kassab* um pequeno candelabro, símbolo máximo da cerimônia religiosa do Chanuká, também conhecida como Festa das Luzes, realizada na avenida Paulista.

O homem sério e diplomático que usava terno até mesmo nos almoços de domingo com a família tinha quatro filhos e seis netos. Morreu no dia 4 de dezembro, de falência múltipla dos órgãos, aos 79 anos, em São Paulo.

12.12.2007

* Gilberto Kassab foi prefeito de São Paulo entre 2006 e 2013. [N.E.]

FILETO BORGES DE BARROS

Grande voz do humor

"Meu caro colega" – era dele a voz do mendigo do programa *A praça é nossa*, que ecoava Brasil afora todo sábado na televisão. Por isso será lembrado Fileto Borges de Barros, locutor, dublador, sonhador e humorista, que foi "coroinha" em Corumbá (MS) e veio para São Paulo estudar em um liceu, nos anos 1930. Lá sua voz se destacou no rádio e ele acabou indicado para algumas gravações.

Chegou em casa com o primeiro salário. "Na nossa família ninguém ganha sem trabalhar", disse a mãe, ao ver a quantia. Mas ela se acostumaria – se não com a fortuna, que nunca veio, ao menos com o sucesso.

Já no início dos anos 1940, Barros foi locutor de radionovelas e dublou filmes. Era dele o grito do Tarzan brasileiro, a voz do Moe, de *Os três patetas*, e do Pinguim, da versão antiga de *Batman*. Foi até reconhecido por Jonathan Harris como o melhor dublador de seu Dr. Smith em *Perdidos no espaço*.

Além da voz, também o humor foi logo percebido, ao atuar com Dercy Gonçalves e Grande Otelo em *Se meu dólar falasse*. Convidado por Manoel da Nóbrega, foi fazer na *Praça da alegria* o mendigo milionário que o deixaria famoso pelo bordão "Meu caro colega" – o mesmo que levaria para *A praça é nossa*, de Carlos da Nóbrega.

Mas nos últimos tempos a visão piorou e ele estava doente – já havia até perdido a conta das mil vozes que deixara gravadas em sessenta anos de carreira. Morreu no dia 12 de dezembro de parada cardíaca em uma sessão de hemodiálise, aos 84 anos, em São Paulo. Tinha dois filhos e três netos.

28.12.2007

CLÁUDIO LOPES DOS SANTOS

Cláudio Camunguelo, flauta de bamba

"Quem transita na noite carioca conhece a lenda do estivador de mão gigante, que toca flauta como poucos", disse certa vez um conhecido músico ao referir-se a Cláudio Lopes dos Santos, o Cláudio Camunguelo.

Como outros mestres do porto do Rio, também era estivador por profissão o carioca e portelense do Irajá – terra de bambas como o grande parceiro Zeca Pagodinho.

Ainda jovem, aprendeu sozinho a tocar flauta – flauta de bambu, que ele mesmo fazia – para poder arrancar melodias. Logo versou-se partideiro, começou a compor músicas de roda e a cantar e dançar nas gafieiras.

Usava boina e corrente no pescoço e, mesmo sem saber ler partitura, gravava *jingles* para o rádio e fazia arranjos – os mais famosos, em parceria com Zeca Pagodinho. Juntos compuseram "Sinuca de bico", que o projetaria no cenário carioca e lhe garantiria parcerias como as de Nei Lopes e Silvério Pontes.

Mesmo admirado nas rodas de samba, só gravou um disco no fim da carreira – ainda em finalização. Gravadas mesmo, só algumas participações e um compacto de 1984 em que se ouve "Amarguras", composta com Zeca. Morreu em 24 de dezembro, por complicações do diabetes, aos 61 anos, no Rio.

30.12.2007

PAULO DE CARVALHO PATARRA

O pai da revista *Realidade*

Paulo de Carvalho Patarra foi o estereótipo do jornalista no Brasil. Poucos fumaram e beberam, criticaram e escreveram como o pai de *Realidade*; difícil, pois, ser mais repórter que ele.

Controverso desde pequeno, foi interno no colégio católico da cidade onde nasceu, São José dos Campos (SP). Mas discordava do discurso dos padres. Acabou virando ateu.

Aos quinze anos chegou a São Paulo para estudar ciências sociais e jornalismo. Não terminou nenhum dos cursos. Na Faculdade Cásper Líbero, encabeçou uma greve e foi impedido de continuar. Foi comunista até o fim da vida.

Era jornalista saudoso, que não gostava de computador ou telefone – até para checar um nome ia pessoalmente até a fonte. Ao assumir a direção da *Quatro Rodas*, onde foi fotógrafo e motorista, as pautas mudaram, com capa para a situação dos índios da Amazônia. E o guia turístico virou embrião de "um marco na história da imprensa": *Realidade*.

Pela revista, que fundou em 1966, mandou Zé Hamílton Ribeiro para o Vietnã. Em plena ditadura militar e com boas doses de uísque, P.Pat assinou certa capa com Luís Carlos Prestes. Foi seu último trabalho na revista, em 1968. Rendeu-lhe um Prêmio Esso de Jornalismo. E perseguição dos militares, registrada no livro *Batismo de sangue*, de Frei Betto.

Atuou então na TV Globo por duas décadas e foi do *Aqui agora*, referência do jornalismo popular. Passou ainda pelo *Notícias Populares*. Por onde passou, revolucionou redações.

Fumou por sessenta anos. Em 2006, descobriu um câncer na garganta. Deu a última tragada entrando no hospital, onde retirou as cordas vocais. Morreu em 21 de janeiro, aos 74 anos, em São Paulo. Era parte da Comissão de Honra do Centenário da ABI (Associação Brasileira de Imprensa) e da história da imprensa brasileira. O corpo havia doado para pesquisa.

22.1.2008

JOÃO BATISTA SÉRGIO MURAD

Beto Carrero, o caubói brasileiro

Por décadas a fio, raramente se viu João Batista Sérgio Murad sem o chapéu e a indefectível roupa de caubói – "em público, mesmo, jamais". Certa vez uma mulher insistiu tanto para provar o chapéu branco de abas largas que ele, para não ser deselegante, acabou tirando-o da cabeça. Mas foi apenas por um momento, desses raros, de vulnerabilidade.

Quem visse o empresário em seu show no quinto maior parque temático do mundo ao som do *jingle* do chicote estalando no ar ou domando tigres e leões somente com a força dos braços – ou, ainda, montando o cavalo Faísca, arisco de mentirinha, "para salvar mocinhas do mal" – não imaginava que o "caubói destemido" tivesse chegado aos setenta anos. Nem parecia.

A imagem de forte valente ele cultivara desde cedo. Nasceu pobre, filho de agregados em uma fazenda em São José do Rio Preto, no interior de São Paulo. Tempos em que ia a cavalo até as cidades vizinhas vender o leite das poucas vacas da família. "Era já um peãozinho."

Dizem os amigos do parque, lembrando as histórias que ele contava, que apanhou muito da mãe por rasgar roupas novinhas para se fantasiar de Zorro. Era fã do herói a cavalo, que acompanhava pelos quadrinhos velhos que chegavam nas suas mãos no interior.

Desde sempre trabalhou muito e estudou pouco. Aos dezoito anos, tentou o rádio e a música sertaneja e quis até promover rodeios. Mas foi na capital, como vendedor de anúncios de jornal, que achou a sua profissão. Abriu sua agência publicitária, ganhou clientes de peso e acabou ficando rico. Ao menos, rico o suficiente.

Havia, porém, "um personagem latente", dos tempos em que se vestia de Zorro, que ele sabia rentável. Aperfeiçoado entre colegas de ideias, o caubói Beto Carrero – homenagem ao pai, que tinha carro de bois –

surgiu como protagonista do novo "circo mambembe". Saíram Brasil afora salvando mocinhas e aterrorizando ladrões.

O sucesso da agência e do personagem, o preço baixo dos terrenos no litoral de Santa Catarina, onde foi morar, e o cansaço com a atividade mambembe o fizeram tomar a decisão: investir em um parque temático, focado no caubói destemido, na desconhecida cidade de Penha (SC).

No dia 28 de dezembro de 1991, o parque abriu as portas para o público com o show de Beto Carrero dançando o *jingle* já conhecido. "Na época, dia de sol era poeira, de chuva era lama." Mas o público e o parque cresceram e Carrero virou celebridade – fez até filmes com Os Trapalhões e Xuxa e participou de novela.

"Arredio com os médicos", sentia há tempos dores no peito. Morreu no dia 1º de fevereiro, em São Paulo, após complicações de uma cirurgia no coração. Homenagens virão para o homem e o personagem. Do aeroporto catarinense, o corpo foi levado ao local do velório, pela viúva, os três filhos e um cortejo de caubóis com o velho cavalo Faísca.

2.2.2008

SABURO BAJO

Cem anos de história

Sentado sobre as pernas cruzadas, o homem miúdo de cem anos fazia origamis para passar o tempo. Saburo Bajo o tinha de sobra para lembrar dos prós e contras de um século de história.

Nasceu em uma Hiroshima antes da bomba atômica e chegou a Santos em 29 de dezembro de 1924, a bordo do navio Awa-Maru. Veio, como outros japoneses crentes na propaganda oficial, para ganhar "muito dinheiro fácil". Foi trabalhar como colono nas lavouras de café do interior paulista. Por mais de dois anos passou fome – dizia que chegou a comer carne de macaco – e medo, pois um irmão morreu assassinado e outro de pneumonia.

Tempos depois, conseguiu sair da colônia, comprar um sítio, ter filhos. Até que um dos filhos deu ao pai a ideia da fábrica de doces Bajo, em Dracena (SP), em 1950. Lá, a fábrica ficaria aberta por vinte anos, até ser transferida para Osasco – Bajo sempre à frente dos negócios, até 1984, quando decidiu se aposentar.

Preocupado com a saúde "desde que era jovem, aos sessenta anos", Bajo pedalava e caminhava.

E fazia origamis. Centenas de patinhos de papel enchiam seu quarto. Muitos deles foram distribuídos no dia 20 de setembro de 2007, quando a família se juntou para comemorar o centenário do patriarca, com um bufê de sushi e exibição de vídeo biográfico no salão.

Em setembro, quando faria 101 anos, seria lembrado pelo centenário da imigração japonesa no Brasil. E estava ansioso para ver o príncipe Naruhito, em sua visita ao país. Não deu tempo.

Quando Saburo Bajo morreu no dia 23 de janeiro de pneumonia, aos cem anos, deixou um clã inteiro no Brasil, com quatro gerações de descendentes – teve 8 filhos, 36 netos, 52 bisnetos e 11 tataranetos.

4.2.2008

GERALDO JORDÃO PEREIRA

O código do sucesso

Filho de um dos maiores editores do país, Geraldo Jordão Pereira já havia dirigido uma editora e criado outras duas. Mas um *insight* lhe valeu a venda de mais de 1 milhão de livros – e a febre de *O código Da Vinci* o fez famoso como nunca em seus 69 anos de vida.

Filho de José Olympio, dono de editora homônima, cresceu entre grandes escritores. "Tomava café da manhã com Drummond, almoçava com Guimarães Rosa, jantava com José Lins do Rego."

Entrou no mercado editorial, no entanto, aos dezessete anos, vendendo livros de porta em porta e "aprendendo o metiê passo a passo". Estudou sociologia e administração e dirigiu por vinte anos a editora do pai, até ser encampada por dívidas pelo BNDES em 1975.

No ano seguinte, criou a Salamandra. Em 1998, foi a vez da Sextante, voltada à autoajuda. Fez algum sucesso com a coleção Um Dia Daqueles, com seus bichos preguiçosos e belas frases. A guinada viria em 2003.

Folheava uma revista americana quando viu uma nota sobre um tal Dan Brown, que acabava um livro sobre Cristo e Da Vinci. Pagou 12 mil dólares pelos direitos. E vendeu mais de 1,5 milhão de cópias no Brasil.

Sua rotina incluía música clássica, bons vinhos e roda de pôquer "barata" na casa do editor. Não deixou de lado a dedicação à editora mesmo durante a espera pelo transplante de fígado. Esteve lá até 8 de fevereiro, uma sexta-feira, e morreu quatro dias depois, de derrame.

13.2.2008

FRANCISCO DAS CHAGAS AZEVEDO

Thesca, o silicone e a odisseia particular

"O negócio dela era ganhar dinheiro para se transformar", diz a família, pasma com o fim brusco da odisseia particular de Thesca – que deixou Teresina para se travestir em São Paulo, implantou silicone em busca do corpo perfeito e morreu sem realizar seu sonho italiano.

Thesca nasceu Francisco das Chagas Azevedo, prematuro de seis meses que se "desenvolveu bem", chegando a 1,84 m. "Com um ano já tinha jeito, era o mais delicadinho de cinco irmãos" e queria sempre participar das brincadeiras de boneca das irmãs.

Aos dezessete anos, "tomou coragem e se assumiu", ali mesmo no bairro Dirceu, "onde era adorado até por senhoras de idade". Em menos de um mês se vestia como mulher; logo era o Miss Gay Teresina. Mas queria ir para São Paulo, juntar dinheiro para morar na Itália – lá seria respeitado.

Com 21 anos chegou a São José dos Campos. Em um ano investiu 15 mil reais no corpo, com prótese nos seios e implante nas nádegas. O dinheiro que sobrava enviava religiosamente para a mãe.

Solteira, Thesca gastava bem o salto nos forrós. Foi até convidada, diz a irmã, para dançar em bandas do Piauí. "Mas era muito tímida" e até para comprar sapato tinha que ir uma irmã junto. Só à noite, quando punha a roupa de trabalho, sentia-se à vontade.

Viajaria ao Piauí para dar adeus à família. Iria embora, rumo à Itália. "Nunca foi tão feliz." Mas o último implante, nas coxas, invadiu as artérias, causando edema pulmonar e asfixia. Thesca morreu no dia 12 de fevereiro, de parada cardíaca, aos 22 anos, em São José dos Campos.

20.2.2008

HAROLDO DE ANDRADE

Um pioneiro do rádio

Os mesmos ouvintes que abandonaram os auditórios lotados das radionovelas, no fim da era de ouro do rádio, nos anos 1950, deixaram-se cativar por sua voz, a despeito da chegada da televisão.

O "grande comunicador" do Rio de Janeiro nasceu em Curitiba. Foi lá que, aos onze anos, fugiu de casa, brigado com o pai. Dormia no banco da praça Tiradentes quando o dono da padaria lhe deu abrigo e um emprego de faxineiro do prédio, onde também funcionava um estúdio de alto-falantes. Começou com seu vozeirão anunciando em parques de diversão.

Foi então descoberto pela rádio local e logo pela rádio Mauá, do Rio, para onde foi, em 1954, ser locutor comercial. Fumando três maços de cigarro por dia, "andava com a pastinha sob o braço atrás de patrocínio". Casado aos dezessete anos, teve oito filhos e treze netos.

Quando sobrou um horário na programação da Mauá, criou o *Musifone*, pioneiro por permitir a participação dos ouvintes, que entravam no ar pedindo músicas. Tornou-se líder de audiência.

Em 1960, foi para a rádio Globo, criar o programa que levou seu nome por 45 anos. Aberto com o indefectível "bom dia" e repleto de entrevistas e debates, o *Programa Haroldo de Andrade* mereceu prêmios até da revista americana *Billboard*. Haroldo até fez televisão, mas nunca largou o rádio.

Em 2002, saiu da Globo "com mágoa", comprou a frequência da mesma Mauá que o lançara no rádio, batizou-a com seu nome e continuou o programa, em 2005.

Morreu em 1º de março, aos 73 anos, por complicações do diabetes. Seu programa continua, nas mãos de um dos filhos.

4.3.2008

SÉRGIO DE SOUZA

O idealista da *Caros Amigos*

Quando Bertolt Brecht escreveu que havia homens imprescindíveis porque lutavam a vida inteira, certamente pensou em alguém como o jornalista Sérgio de Souza. Quando Miguel de Cervantes imaginou seu cavaleiro magro, alto e inconformado com as injustiças, talvez conhecesse alguém como Souza, que fez do jornalismo, verdadeiramente, um sacerdócio.

O paulistano Serjão adentrou a profissão na *Folha da Manhã*, em 1958. Foi revisor, repórter e editor. Entre tantos trabalhos que desempenhou vida afora, tinha orgulho de ter fundado e editado as revistas *Realidade* e *Bondinho*, que fizeram história no jornalismo brasileiro. Dirigiu ainda o jornalismo da Rede Tupi de Televisão, levou Osmar Santos para a rádio Globo e comandou a redação paulista do *Fantástico*.

São raros os textos assinados por ele, embora alguns dos melhores já publicados país afora tenham a marca de seu lápis cuidadoso e perfeccionista, sensível e voltado para um mundo melhor.

Há mais de uma década, Serjão dirigia seu último projeto, a revista *Caros Amigos*, que ele próprio fundou – razão pela qual morre pobre e sem nenhum bem, exceção feita à convicção do que fez ao Brasil.

Morreu em 25 de março, aos 73 anos, em São Paulo, de falência múltipla dos órgãos. Deixou sete filhos, dez netos e um a caminho, além da companheira Lana Novikow e de um lápis, preto, número dois.

26.3.2008

EDEVAIR DE SOUZA FARIA

Pai de Romário fez o filho rimar com gol

O atacante Romário estava perto de completar seu milésimo gol no começo de 2007 e o Vasco tinha entre seus próximos adversários o América do Rio de Janeiro, clube pelo qual torcia seu pai. "Se fizer este gol contra o América, leva tapa", avisou Edevair de Souza Faria ao filho.

Edevair era a razão mais frequente para que o decadente clube do Andaraí ainda frequentasse os jornais. Sua foto à beira do campo, com o rádio colado ao ouvido, foi publicada na imprensa carioca mais vezes do que ocorreram vitórias do América naquele período.

Em 1994, a dois meses da Copa do Mundo, Edevair foi sequestrado num bar da Vila da Penha. O país ficou apreensivo por temer os efeitos do crime sobre o maior jogador da equipe que se tornaria tetracampeã.

Após quatro dias preso, Edevair foi libertado sem o pagamento do resgate de 7 milhões de dólares. Assistiu à Copa no seu bar, o Garota do Quitungo, em Brás de Pina.

Em janeiro de 1966, Edevair e a mulher, Lita, estavam em sua casa na favela do Jacarezinho, ouvindo rádio, à procura de um nome famoso para batizar o filho que nasceria ao final daquele mês. Foi quando o locutor anunciou: "Romário, o homem dicionário". A partir da escolha de Edevair, Romário passou a rimar também com gol.

O pai do artilheiro, que estava há seis dias internado por infecção urinária, morreu em 22 de maio. Edevair deixou mulher, três filhos e morreu sem ter seu último desejo atendido: ver Romário marcar um gol pelo seu "Mequinha".

23.5.2008

ENÉAS FREIRE

Ele abria a folia com o canto do Galo

Há trinta anos, o Carnaval de Pernambuco não começa sem ele. Era sempre assim: Enéas Freire ordenava, os clarins tocavam e o Galo da Madrugada saía com seu frevo para abrir a folia em Recife, nos sábados de Zé Pereira.

Fundador e presidente do maior bloco carnavalesco do mundo, segundo o *Guinness Book: o livro dos recordes,* Enéas era obcecado em manter a tradição do carnaval de rua. Desde criança, apreciava a passagem dos blocos em Recife, onde nasceu. Encantava-se com as cores das alegorias, brincava com os amigos, mas só em 1934 fundou sua primeira agremiação, o Papagaio Louro, que duraria dois Carnavais.

Dez anos depois, casou-se com Maria do Carmo Travassos, foliã como ele, fundadora e presidente emérita do Bloco das Ilusões, uma das mais respeitadas agremiações líricas de Pernambuco. Com ela, teve quatro filhos.

Em 24 de janeiro de 1978, com alguns amigos, fundou o Clube de Máscaras Galo da Madrugada. O primeiro desfile reuniu só 75 pessoas. Mas o bloco caiu no gosto popular e, em 1995, foi considerado o maior do mundo, pois reunira, no ano anterior, 1,5 milhão de pessoas.

No dia 3 de junho, Enéas foi hospitalizado para uma cirurgia de substituição de prótese no joelho direito. Na madrugada de 9 de junho, ainda no hospital, sofreu uma parada cardíaca e morreu. No velório, o compositor e cantor de frevo Claudionor Germano disse que a morte de Enéas não calará o bloco: “Vamos fazer o Galo cantar ainda mais alto”.

10.6.2008

PEDRO PECY BARBOSA DE ARAÚJO

Foi às compras e matou o vigilante

Aos ouvidos dos amigos, a história soou absurda. Em 27 de fevereiro de 2005, após ser barrado na porta de um supermercado que acabara de fechar, o juiz de Sobral (CE) Pedro Pecy Barbosa de Araújo voltou ao carro, pegou um revólver e matou o vigia com um tiro na nuca.

Alegou, depois, que o disparo foi acidental. O crime, porém, havia sido registrado pelas câmeras de segurança.

Os amigos, acostumados com a inteligência e a alegria do colega, até hoje buscam explicações para a reação do juiz. Pecy Barbosa, conta um deles, nunca tirava férias. Juiz por catorze anos no Ceará, era incansável na profissão.

Em 2003, veio o reconhecimento: após ter passado pelas comarcas de Madalena e de Jaguaribe, no interior do Ceará, recebeu o título de cidadão sobralense, quando ocupava o cargo de juiz da 2ª Vara de Sobral. Antes de juiz, foi promotor e assessor de imprensa da Assembleia Legislativa do Ceará.

Natural de Maranguape, a trinta quilômetros da capital cearense, Pecy Barbosa estava preso em uma cela especial do quartel do Corpo de Bombeiros de Fortaleza. Em 2005, havia sido condenado a quinze anos de prisão por homicídio doloso.

No final de junho, conseguiu a regressão da pena para regime semiaberto, mas não chegou a usufruir o benefício. Morreu em 8 de julho, em Fortaleza, aos sessenta anos, vítima de uma parada cardiorrespiratória. Deixou quatro filhos.

10.7.2008

BRENO MELLO

Orfeu negro e jogador de futebol

Há mais um motivo para o bairro Tristeza, na zona sul de Porto Alegre, ser chamado como tal. Foi lá que, no dia 11 de julho, o corpo de Orfeu Negro foi encontrado pela irmã, em casa.

Breno Mello era o seu nome. Em 1959, enquanto andava pelas ruas do Rio, o então meia-direita do Fluminense foi abordado por um sujeito que trazia nas mãos um desenho: era o perfil de um ator que uma equipe de filmagens procurava.

Breno tinha a mesma fisionomia e porte físico que buscavam. Candidatou-se à vaga, bateu mais de trezentos concorrentes e estrelou o filme *Orfeu negro*, do francês Marcel Camus. Ao receber o texto, disse à mulher que não conseguiria decorar as falas.

"Quando ele ficava nervoso, ia à igreja pedir ajuda a São José para que todo aquele texto entrasse na cabeça", lembra a ex-mulher Liège, com quem Breno foi casado por 32 anos.

O longa venceu a Palma de Ouro em Cannes naquele ano e o Oscar de melhor filme estrangeiro em 1960. Faria ainda mais cinco filmes.

Ele começou a jogar futebol no São José de Porto Alegre, onde nasceu. No finado clube Renner, desbancou Grêmio e Inter em 1954, ajudando o time a ser campeão gaúcho. Jogou também no Santos de Pelé, a quem pagou muitos almoços devido ao pão-durismo do rei na época.

Aposentado, morava só. Foi encontrado dois dias depois de morto. Morreu aos 76 anos, de causa desconhecida. Deixou cinco filhos, doze netos e cinco bisnetos.

15.7.2008

FERNANDO TEIXEIRA

Um professor de letras até o último dia

Naquela sexta-feira, 4 de julho, o professor de literatura Fernando Teixeira chegou de manhã ao curso pré-vestibular Objetivo da avenida Paulista, como fazia havia cerca de trinta anos. De bengala na mão, para espanto dos alunos, deu aula tarde e noite adentro, sobre escritores, períodos e movimentos literários. "Não queria parar de falar", diz uma colega. Só após dezoito horas em classe aceitou ir para casa. Morreu no dia seguinte.

"Ateu, graças a Deus", como sempre dizia, não acreditava em presságio; nem os alunos quiseram crer que FT, como era chamado, dera sua última aula. Nas comunidades de "discípulos" na rede social Orkut, a notícia foi logo descartada. "Impossível, não o nosso querido FT."

Não o mestre que havia três décadas dava aula em cursinho, desde o tempo de Ribeirão Preto, onde nasceu, filho de um advogado e uma professora. Formado em direito, nunca advogou. "Em literatura era autodidata", diz a filha. "Em casa não tem parede, nem decoração, só livro."

"Boa noite, seus mal-educados", dizia, a voz empostada, sempre que entrava na sala, com sua barba, bigode e sarcasmo. E começava a verter centenas de referências (datas, nomes, períodos). "A aula sobre um livro podia levar sete horas", diz uma colega. "Os versos de *Os lusíadas* sabia quase todos de cor."

Tinha três filhos, era casado e "completamente apaixonado" pela profissão. Há quatro anos tinha câncer e "dores terríveis". Mas foi professor até aquela sexta. Morreu em 5 de julho, aos 61 anos.

21.7.2008

ANGELO MARGARIDO

E suas mil bengalas baratas para cegos

Angelo Margarido era um homem de visão. Literalmente. Tanto assim que espantava quem o pegasse, bengala em punho, a ler em braile – ou quem soubesse que fora ele a encabeçar a produção em massa de bengalas baratas para cegos no país, no fim dos anos 1950.

Quem conta é seu biógrafo – sim, ele tem uma biografia, do tempo de sócio do Lions Clube. Margarido nasceu em Portugal e veio aos dez anos para o Brasil. "Na escola faziam gozação com seu sotaque", diz o biógrafo. Aqui foi escoteiro e nadador ("nadou no rio Tietê, ganhou prêmios"), até ir trabalhar na Light.

O tempo passou e ele se casou com a filha de um português tão engenhoso quanto ele, que, de tanto tentar fórmulas para ganhar dinheiro, acabou criando um saponáceo, mais tarde comprado por uma multinacional. O sogro ficou milionário, e Margarido virou empresário.

A bengala? É que a mulher era amiga de Dorina Nowill, "cega eminente" e mentora da Fundação para o Livro do Cego. Ela tinha uma bengala branca importada; e ele teve a ideia: iria fazê-las aqui, de alumínio. Procurou um metalúrgico para fundir o metal angariado em fábricas, "fez os amigos tirarem dinheiro do bolso" e conseguiu fazer e distribuir mais de mil bengalas aos cegos mais pobres.

"Ele abraçou a ideia sem motivo pessoal", diz o filho. "Virou um filantropo." Morreu no dia 6 de agosto, de broncopneumonia. Viúvo, tinha um filho, dois netos e cem anos.

10.8.2008

STELLA MARIS

A estrela de Dorival Caymmi

"O nome Stella Maris (estrela-do-mar) não poderia ser mais adequado para a futura esposa de Dorival Caymmi, o eterno amante do mar", escreveu a neta do casal, também chamada Stella Caymmi, na biografia do avô, relembrando uma entre muitas sincronias na trajetória de Dorival e da ex-cantora de rádio – registrada como Adelaide Tostes. A derradeira sincronia aconteceu em 27 de agosto, mais precisamente às 12h23, quando Stella Maris morreu, aos 86 anos, apenas onze dias depois da morte do compositor.

Internada desde abril, quando se preparava para ter alta do hospital, no início de agosto, entrou em coma. Caymmi tinha sido poupado pela família das notícias sobre a piora do estado de saúde da mulher, "mas desconfiou, porque ela não ligou mais para ele", contou Stella no dia da morte de seu avô, em 16 de agosto, aos 94 anos, de insuficiência renal.

"A ausência dela [Stella] acabou com ele. Ele entrou numa melancolia, desistiu de comer, desistiu de tudo", disse Nana Caymmi, filha mais velha do compositor.

Mineira de São Pedro de Pequeri e caçula de nove irmãos, Stella se mudou para o Rio de Janeiro aos seis meses de idade com a família. Daí para virar a musa de Dorival Caymmi correram dezoito anos, quando o compositor foi assistir, no auditório da rádio Nacional, a um concurso de novos talentos do qual Stella saiu vencedora.

O compositor se apaixonou pela "loura de olhos verdes, alta e bonita", que cantou "Último desejo", de Noel Rosa, e o inspirou na música "Acontece que eu sou baiano". Casaram-se no mesmo ano, 1940.

Com o casamento, do qual foram testemunhas Jorge Amado e Samuel Wainer, Stella largou a profissão que iniciara havia pouco. Ao se tornar noiva de Caymmi, meses antes da união civil, ela pediu rescisão do contrato que mantinha com a rádio Mayrink Veiga, porque "preferia a segurança da vida familiar à competição do meio artístico", segundo a neta. Mas continuou cantando em casa e entre os amigos. João Gilberto era um de seus muitos fãs.

Stella Maris estava internada no Hospital Pró-Cardíaco, em Botafogo (zona sul do Rio), para tratar de problemas coronarianos fazia quatro meses. Entrou em coma três dias antes de sua previsão de alta, segundo a família.

O jazigo de Caymmi, no cemitério São João Batista, foi preparado, na ocasião do sepultamento do compositor, para receber o corpo de Stella Maris.

Stella Maris deixou três filhos – Nana, Dori e Danilo –, sete netos e cinco bisnetos.

28.8.2008

FAUSTIN VON WOLFFENBÜTTEL

A imprensa livre de Fausto Wolff

A primeira barreira se ergueu quando o garoto de Santo Ângelo (RS) ganhou o impronunciável nome de Faustin von Wolffenbüttel. Para facilitar a vida dos amigos, tornou-se Fausto Wolff.

A segunda barreira foi a pobreza. O fato de ter estudado somente até a quinta série, porém, não o impediu de conquistar em 1997 o prêmio Jabuti pelo romance *À mão esquerda*. Autodidata e sem dinheiro, roubava livros quando moleque. Quando tentou surripiar outra coisa, foi repreendido pelo dono da livraria: "Livro pode, baralho não".

Há quatro anos, estranhou não entender nada do que lia no computador. Gritou "passarinho", apelido que deu para sua mulher, Mônica, e avisou que havia desaprendido a ler e a escrever. Teve um AVC (acidente vascular cerebral).

Com um dia de UTI, fugiu do hospital. Foi ao boteco, comeu um sanduíche de pernil, bebeu conhaque e fumou. Terminou na casa do amigo Millôr Fernandes, que o convenceu a voltar ao hospital.

Sua saúde foi piorando a partir daquele ano. Com passagens por *O Pasquim*, *O Globo*, *O Cruzeiro* e *Manchete*, Fausto tinha uma coluna no *Jornal do Brasil*. Polêmico, dizia-se um representante do proletariado dentro da imprensa.

Aos 68 anos, morreu no Rio, no dia 5 de setembro, de insuficiência respiratória. O autor de *A imprensa livre de Fausto Wolff* foi casado nove vezes e teve duas filhas. Como pediu em poema, foi cremado.

11.9.2008

JORGE LUIZ DE SOUZA

O enérgico baterista de Itamar Assumpção

Gigante Brazil, baterista e percussionista que trabalhou com Itamar Assumpção e Marisa Monte, morreu ontem aos 56 anos, em sua casa em São Paulo, vítima de um ataque cardíaco.

Jorge Luiz de Souza (seu nome verdadeiro) era um músico muito conhecido e benquisto por seus pares. "Não dava para não gostar de Gigante Brazil", disse Arthur Nestrovski, violonista, que vinha tocando com o baterista na banda do cantor Celso Sim. "Desde os antológicos tempos da parceria com o Itamar, as marcas do Gigante eram o humor e o vigor. Tinha uma percussão energética e inventiva. Era um músico muito divertido de se conviver, uma festa."

Carioca, Brazil começou sua carreira musical em 1969, na banda Massa Experiência. No começo dos anos 1970, tocou com Jorge Mautner e, em 1975, mudou-se para São Paulo, onde formou a banda Sindicato. Depois, fez parte das bandas Gang 90 e Isca de Polícia, que acompanhava Assumpção – em ambas esteve ao lado de Paulo Lepetit, baixista e produtor, com quem lançou *Música preta branca... e etc.* em 2005.

Brazil também participou da gravação e turnê do disco *Mais* (1991), de Marisa Monte – nele, dividiu os vocais com a cantora na faixa "Ensaboa" (Cartola e Monsueto).

30.9.2008

ALBINO GUALBERTO DE OLIVEIRA

Um táxi, um bombeiro e um coqueiro

O táxi que rodava pela estrada da Barreira Grande, na zona leste de São Paulo, encostou quando a moça com a filha de três anos no colo fez sinal.

A cena aconteceu há mais de 35 anos; o resultado daquela "carona" foi o seguinte: o motorista, Albino Gualberto de Oliveira, bombeiro de profissão e taxista para engrossar a renda mensal, adotou, anos depois, a mesma menina de três anos que entrou no seu táxi naquele dia.

A mãe da criança, Vilma, então funcionária de uma tecelagem no Brás, no centro da capital, foi a mulher que ficou ao lado de Albino até 9 de outubro, quando ele morreu, aos setenta anos, devido a infecções.

"Gordinho e baixinho", seu Albino (chamado de Perereca, no quartel) morava com uma companheira e dois filhos quando ficou amigo de Vilma no táxi. Certo dia, a mulher com quem vivia teve um derrame e morreu. Ligou para a passageira, com quem conversava frequentemente por telefone, e pediu para ela ir cuidar dos filhos dele. Vilma foi.

O casal teve cinco filhos, mas Albino deixou uma prole maior. "Ele era danado, passeou muito, né?", brinca Vilma, que mantém contato com duas filhas de relacionamentos anteriores do marido.

O sonho de Perereca era ter uma casa na praia. Comprou um terreno em Itanhaém (SP), mas não ergueu a casa – nem plantou o coqueiro com o qual sonhava. Em maio, teve um derrame. Não falava desde então. Deixou filhos, netos e bisnetos.

15.10.2008

DULCE DAMASCENO

Uma confidente brasileira em Hollywood

Marlon Brando era seu vizinho e não falava com jornalistas. Correspondente em Hollywood, Dulce Damasceno conseguiu entrevistá-lo três vezes.

Segundo o filho, quando *O Cruzeiro* tomava consciência do material que tinha em mãos, punha na capa. Afinal, "aquilo era exclusivo". Mas a proximidade que Dulce teve com Carmen Miranda foi maior. Tornou-se confidente da artista no começo dos anos 1950. "A Carmen se identificou muito com ela e morria de saudade do Brasil. Ela apresentou minha mãe a muita gente", lembra o filho. O resto está no livro que escreveu sobre a amiga *O ABC de Carmen Miranda*.

Nascida em Casa Branca, a 229 quilômetros de São Paulo, começou a escrever cedo para uma revista de cinema, após ter enviado cartas ao editor. Era autodidata e até inglês conseguiu aprender sozinha.

Quando partiu para os Estados Unidos, o namorado ficou em São Paulo. Em 1952, voltou ao Brasil, casou-se e retornou com o marido a Hollywood, onde morou por quinze anos. Era o marido quem cuidava da casa. Teve dois filhos e um neto.

Nos últimos tempos, vivia numa casa de repouso e mantinha uma coluna na revista *Set*, que ela ditava e um amigo escrevia – tinha Parkinson.

Seu texto deste mês, sobre a morte de Paul Newman, começa assim: "Os deuses de Hollywood estão sendo vencidos pela morte. É inevitável, mas triste". Morreu em 9 de novembro, aos 81 anos, de embolia pulmonar e problemas cardíacos, em São Paulo.

11.11.2008

JAIME LACERDA DE ALMEIDA

O voo de zepelim do perito em álcool

Jaime já voou por cerca de dezesseis horas num zepelim quando jovem, nos anos 1930 – e não era sonho de adolescente. Na véspera da decolagem, um dos passageiros adoeceu e o avô do garoto conseguiu encaixá-lo na vaga. De espectador a passageiro da aeronave, percorreu lentamente e maravilhado o trecho entre Recife e Rio de Janeiro.

Mas as experiências aeronáuticas de Jaime Lacerda de Almeida nem sempre foram afortunadas. Na década de 1950, o avião em que estava despencou numa mata, no Maranhão. Os sobreviventes tiveram de andar por dois dias até a cidade mais próxima do local do acidente.

Jaime teve também fases calmas na vida. Nascido em Camaragibe (PE), formou-se em engenharia química em Recife, em 1945. Era especialista e consultor nacional e internacional em destilaria de álcool.

Foi justo por isso que conheceu a segunda mulher, com quem viveu pelo resto da vida – ela era também engenheira e o contratou para fazer consultoria na destilaria em que trabalhava, em Pernambuco.

Passou por diversas empresas, entre elas a Petrobras. A convite da OEA (Organização dos Estados Americanos), desenvolveu estudos sobre produção do combustível. Deu também palestras em várias universidades.

Morreu em 9 de novembro, em São Paulo, aos 85 anos, vítima de um câncer na coluna. Vivia em Valinhos (SP). Teve oito filhos, quatro netas e uma bisneta.

14.11.2008

CELSO GARCIA

O radialista esportivo que garimpou Zico

A prática de narrar futebol de botão revelou a Celso Garcia o jeito para o radialismo. E o olhar clínico que adquiriu para o futebol presenteou torcidas com um craque.

Natural de Lorena (SP), mudou-se criança para Belo Horizonte. Só que a carreira não começou lá. "Enquanto todo mundo ia ao Rio de Janeiro conhecer o mar, ele foi conhecer o Flamengo", brinca a neta. Nos anos 1960, no Rio, começou na rádio Continental, como repórter.

Foi na rádio Globo, porém, que começou na área esportiva – e por onde se aposentaria, nos anos 1990. Ficou conhecido como o Garoto do Placar. Teve também passagem pela rádio Tupi, quando cobriu a Copa do Mundo de 1978 – ao longo da carreira, cobriu seis copas.

Chegou também a ser professor de radiojornalismo de uma universidade carioca.

Sua maior contribuição para o futebol brasileiro foi ter percebido o valor de um moleque de nove, dez anos que jogava perto de sua casa. Uns quatro anos depois, levou o menino de apelido Zico para o Flamengo. "Celso vivia em casa. Adorava o pastel da minha mãe", lembra Fernando, irmão do jogador.

Zico, que estava no Uzbequistão quando o amigo morreu, chamou-o em seu site de "a pessoa mais importante" de sua história esportiva. "Foi o maior rubro-negro que conheci", escreveu.

Em 1997, Celso perdeu um filho com leucemia. Morreu no dia 23 de novembro, aos 79 anos, no Rio de Janeiro, após sofrer uma parada cardíaca. Deixou viúva, dois filhos e quatro netos.

25.11.2008

ELENITA BONFIM

Coletou 1.039 provérbios populares

O que ela mais ouvia além de buzina de carro e som de catraca girando era palavrão. Por achar que as coisas poderiam ser ditas sem o uso de termos grosseiros, Elenita Bonfim, cobradora de ônibus em São Paulo, decidiu compilar a sabedoria popular.

Num caderno universitário, passou a anotar todos os provérbios e ditos populares que sabia. "Quando fui ver, ela tinha escrito setecentos e poucos provérbios", lembra a filha, que sugeriu à mãe que começasse a pesquisar mais.

Pendurada ao telefone e por cartas, Nita consultava amigos e parentes. Ultrapassou mil ditos em seu caderno. "Depois, tiramos as frases preconceituosas, e chegamos a 1.039", conta a filha. Resultado: *Mais de mil provérbios antigos e ditos populares*, um livro de dona Elenita Bonfim, lançado em 1997.

Nascida em Jequié (BA), foi com a família para o Paraná nos anos 1950. Lá, casou-se e teve uma loja de tecidos. Mudou-se depois para São Paulo, mas lá, como lembra a filha, a qualidade de vida caiu. Arrumou um emprego de cobradora de ônibus e mantinha uma barraca na feira.

Todo o conhecimento que adquiriu foi passado pelo pai. Na educação dos filhos, não faltaram ditos como "Morra com a faca na garganta, mas não fale mentira".

Elenita gostava de Inezita Barroso. Adorava cantar, dançar e tocar acordeão. Morreu no dia 21 de novembro, aos 76 anos, em consequência do Alzheimer. Deixou três filhas e três netos.

27.11.2008

MANOEL ABRANTES

Um português no reino das batidas

As cadeiras são ocupadas, em sua maioria, por gente da USP (Universidade de São Paulo), e a filosofia pode até ser o assunto principal nas rodas, mas o local não é, definitivamente, uma sala de aula: trata-se de um botequim.

O dono era o português Manoel Abrantes. Em 1970, abriu, em sociedade com o irmão, um bar próximo à Cidade Universitária, na zona oeste da capital: Rei das Batidas. O local fisgou facilmente alunos e funcionários da universidade.

Manoel saiu de Portugal em 1951, de navio. Onze dias depois, chegou ao país. "O Brasil era um sonho. Ele achava que a vida seria melhor aqui", lembra a filha, Clarice. Ao chegar, foi roubado, mas adorou a terra.

A mulher havia ficado para trás e só saía de Portugal se casada no papel. Manoel achou uma solução: casou-se por meio de uma procuração e a convenceu a vir. Tiveram três filhos e seis netos.

Para a filha, biomédica, a vida do pai era trabalhar. "Às vezes, chegava de madrugada, tomava a sopinha da minha mãe e ia dormir", conta. Mesmo "quietão", ia de mesa em mesa cumprimentar os fregueses – era sua política.

Manoel morreu no dia 11 de dezembro, aos 81 anos, após complicações do Parkinson.

15.12.2008

HILÁRIO RODRIGUES DOS SANTOS

Os livros lhe ensinaram a arte de nadar

Tradicionalmente, um iniciante no esporte costuma recorrer à trinca touca, óculos e sunga, mas Hilário Rodrigues dos Santos aprendeu a nadar com os livros. De tanto ler e reler teorias sobre natação, tornou-se técnico.

Ele mesmo só passou a pular na piscina depois dos quarenta anos, estimulado pela filha mais velha, que, na época, tinha oito anos e era asmática.

Funcionário público da Prefeitura de Campinas, Hilário pensou que a menina pudesse se curar com muitas braçadas. Todos os filhos acabaram na água. Renata, a mais velha, ganhou campeonatos brasileiros e paulistas. Rachel venceu alguns estaduais. A que levou o esporte mais a sério foi Rosana Merino, formada em educação física e também triatleta – foram 12 campeonatos brasileiros e 46 medalhas em paulistas.

A preparação era puxada. "Ele acordava a gente de madrugada para ir treinar", lembra Rosana. Certa vez, acabou inscrita pelo pai numa categoria acima da idade – só soube na hora de competir e ainda bateu recorde.

Hilário foi diretor de natação do Guarani. Chegou a treinar José Sylvio Fiolo, que depois se tornou recordista mundial dos 100 metros peito, no final dos anos 1960.

Morreu em 10 de dezembro, aos 79 anos, vítima de um infarto, em Campinas (SP). Deixou seis filhos e três netos.

16.12.2008

AMÉLIA BRITO

"Amélia de verdade, como na música"

Chovia forte em São Paulo. Osvaldo, manobrista da rua Sete de Abril, no centro da capital, brincou com o amigo: "Caso com a primeira mulher que me pedir o guarda-chuva emprestado".

Em 25 de abril de 1959, casaram-se Osvaldo e Amélia. Ela, cunhada do amigo com quem Osvaldo fez a brincadeira, foi quem apareceu naquele dia debaixo do aguaceiro, à procura de abrigo. "Ela era uma princesa, bonita demais, o cabelinho cacheado, um corpão de violão. Ele, muito metido, se apaixonou", lembra a filha Vania. Mas Amélia Brito não era de brincadeira. "Minha mãe era uma mulher muito séria, meio brava", garante a filha.

Durante o namoro, quando apareceram as primeiras promessas de casamento, ele disse que ia comprar um carro. "Não adianta você comprar um carro, não vou andar com você. Quero uma casa", rebateu Amélia. "Pobre e metido, mas muito trabalhador", como diz a filha, Osvaldo ergueu a casa para a mulher em Santo Amaro (zona sul de São Paulo), onde a família vive até hoje.

Nascida em Monte Alto (SP), filha de portugueses, foi caixa na extinta Galeria Paulista de Moda, uma das mais elegantes de São Paulo nas décadas de 1950 e 1960. Um de seus orgulhos era ter conhecido o presidente Washington Luís.

"Amélia de verdade, como na música", diz a filha, morreu no dia 13 de dezembro, em razão de um câncer. Era viúva; deixou quatro filhos e dois netos.

22.12.2008

HÉLIO GRACIE

Patriarca dos Gracie, precursor do jiu-jítsu

Hélio Gracie, patriarca de uma família cujo nome se tornou mundialmente associado ao jiu-jítsu – luta criada a partir da observação do judô –, morreu ontem, em Petrópolis, região serrana do Rio, aos 95 anos.

Ele sofria de leucemia e, desde 28 de janeiro, estava internado no hospital da Beneficência Portuguesa, na cidade serrana. A causa da morte, segundo o hospital, foi falência múltipla de órgãos.

Franzino, Hélio costumava ir, ainda menino, à academia de judô em que o irmão, onze anos mais velho, dava aulas. A mãe não o deixava treinar, devido à sua saúde frágil. Da observação, nasceu o chamado "*Brazilian* jiu-jítsu", arte marcial que, dizia, "não depende da força".

"O jiu-jítsu não veio para o Brasil, eu é que o criei. Não existia. Meu irmão praticava o judô, mas eu era pouco afeito ao judô porque exigia habilidade e força, e eu era muito fraco. De alguns golpes que vi, eu aperfeiçoei e criei o jiu-jítsu", explicou, em 2007, em entrevista à TV. Via a luta como a possibilidade do triunfo do mais fraco.

Antes dos dezesseis anos, já era professor. Aos dezessete, foi campeão brasileiro de luta livre, enfrentando lutadores de todos os estilos. Dizia ter perdido apenas três lutas em toda a vida – uma delas em 1951, no Maracanã, sob o olhar do presidente da República Getúlio Vargas, cujo filho Manoel Antônio viria a ser seu aluno. No ano seguinte, abandonou as competições e passou a se dedicar à academia que manteve por trinta anos.

Atribuía a boa saúde que o acompanhava à prática esportiva e à dieta que excluía carne vermelha. Deixa a mulher, Vera, e nove filhos, entre eles os discípulos Rickson, Royce, Royler, Relson, Rórion, Rolker e Robyn.

30.1.2009

GUERINO CICON

Por trás da máscara de Fantomas

Não era nada mole liquidar Fantomas, um homem de pedra nos ringues, já alertava o locutor. Herói do telecatch – show de luta livre popularizado pela TV entre os anos 1960 e 1980 no país –, o mascarado justiceiro escondia sob a fantasia preta com detalhes brancos a identidade de Guerino Cicon, um marceneiro de Piracicaba (SP) de quase dois metros e mais de cem quilos.

E não adiantava recorrer a táticas torpes, como "chutar a região baixa" de Fantomas. Os adversários Moicano e Cantinflas tentaram isso e nada conseguiram.

De uma família de italianos, mudou-se para São Paulo nos anos 1960. Praticava natação e halterofilismo, o que o ajudou a entrar no mundo das lutas, área em que foi muito feliz, afirma a filha Idely. Ela lembra que os shows, de tão cheios, costumavam fechar o Pacaembu. Seu pai conheceu o país em turnês.

Nos combates, Guerino fingia ter uma das pernas endurecida. Era uma tática. Havia se machucado de verdade alguma vez? A filha lembra que o pai quebrou dente, clavícula, dedo...

Depois que as lutas acabaram, trabalhou como segurança até se aposentar. Morava na Cohab. Há cerca de um ano, passou a sofrer de problemas circulatórios e diabetes. Estava internado fazia cinco meses e teve um dedo e a perna amputados. "Quero colocar uma faixa em frente ao Hospital do Tatuapé para agradecer pelo tratamento", diz a filha.

Guerino morreu sábado, 28 de março, aos 75 anos. Deixou duas filhas, quatro netos e três bisnetos.

6.4.2009

JULIETA PAGANOSSI

Seu casamento durou mais de 81 anos

O Romeu de Julieta Paganossi foi Luiz. Quando se conheceram, a história de amor impossível vivida por sua xará na peça de William Shakespeare ameaçou se repetir. O pai de Julieta não queria um espanhol na família e ficou contra o namoro. Mas Luiz era um "santo", diz a filha Jandira, e logo foi aceito.

Os dois se casaram em 3 de dezembro de 1927. Na contramão da tragédia shakespeariana, o casal completou 81 anos, sete meses e um dia de casamento. Nem a igreja em que se casaram, em Monte Alto (SP), resistiu tanto: foi demolida e substituída por uma nova.

A filha lista os motivos que os fizeram ficar tanto tempo juntos: amor, companheirismo e compreensão. "Ela era exigente, mas meu pai é muito calmo, acha tudo bom."

Nascida em Pirassununga (SP), cuidava da casa enquanto o marido trabalhava na lavoura. Sempre foi muito dinâmica e caprichosa. Seus últimos três aniversários de casamento saíram num jornal da cidade. Recentemente, estava acamada.

Já Luiz, com 102 anos, não anda e não vê. Quietinho, ainda chama pela mulher. Não sabe que seu casamento acabou sábado, quando Julieta morreu, aos cem anos, de pneumonia, em Monte Alto. "É melhor assim. Eles vão se encontrar quando ele se for."

Teve 7 filhos, 22 netos, 39 bisnetos, 5 trinetos e 2 "caquinhos de neto", como chamava os tetranetos.

10.7.2009

SHOTARO SHIMADA

O precursor da ioga no Brasil

Faz mais de cinquenta anos que no nº 30 da rua Caio Prado, no centro de São Paulo, funciona o instituto criado por Shotaro Shimada, precursor da ioga no Brasil.

Filho de imigrantes japoneses nascido numa colônia em Bauru (SP), professor Shimada, como era conhecido, veio para a capital após a morte do pai. Por um tempo, trabalhou em uma tinturaria, para ajudar no sustento de casa. Um dia, o dono do estabelecimento o apresentou a um professor de judô. Resultado: Shimada acabaria tricampeão estadual no esporte.

Achava que sempre tinha algo a aprender. Num livro, descobriu a ioga e passou a acrescentar ginástica respiratória nas aulas que dava. A dedicação ao estudo e desenvolvimento da técnica foi roubando todo o seu tempo, e o judô foi deixado de lado.

A convite da TV Tupi, começou a apresentar um quadro sobre ioga – o que fez por quinze anos. Passou ainda pela Bandeirantes e pela Gazeta.

"Ele virou uma celebridade", conta o jornalista Wagner Carelli, que lançou no ano passado um livro sobre Shimada. Foi contratado até para dar aulas ao então governador de São Paulo, Adhemar de Barros.

"É preciso esclarecer: a ioga não elimina o fardo da vida cotidiana. O praticante continuará sendo o diretor de empresa, o operário, o estudante: a ioga elimina o peso de sê-lo", disse, em frase registrada pelo jornalista. Para o filho Mário, o pai deve ser lembrado por seu trabalho.

Deu aulas até uma semana antes de morrer, em 29 de setembro, aos oitenta anos, de choque séptico e peritonite. Deixou viúva, dois filhos e três netos.

30.9.2009

EGBERTO LACERDA TEIXEIRA

O ponderado advogado de Rockefeller

Assim que se formou em direito pela USP (Universidade de São Paulo), em 1942, Egberto Lacerda Teixeira ganhou uma bolsa de estudos nos Estados Unidos, mas não viajou. O pai não quis que ele saísse do Brasil em tempos de guerra. Mesmo assim, não desistiu: conseguiu outra oportunidade e convenceu o pai a deixá-lo ir. Voos noturnos estavam então proibidos por causa do conflito, e ele levou quatro dias para chegar a seu destino.

O mestrado pela Universidade de Michigan em Ann Arbor (EUA) foi concluído em 1945. De volta, teve dificuldade para arrumar emprego. Começou como caixa do Citibank, fato de que se orgulhava. Depois, fez trabalhos jurídicos na Ford e achou tempo para montar o próprio escritório. No início, à espera dos primeiros clientes, lia jornal.

Com o tempo, as coisas engrenaram. Egberto foi advogado do milionário norte-americano Nelson Rockefeller e autor de livros jurídicos. Seu *Das sociedades por quotas de responsabilidade limitada* (1956) tornou-se clássico do direito brasileiro.

Certa vez, decidiu conhecer o mundo. Voltou, em 1964, falando de zen-budismo e foi fazer ioga, que praticou por longos anos. Era calmo e ponderado, conta a filha Laïs. Amigos diziam que, quando ele estava do outro lado de uma ação, era meio caminho andado para um acordo.

Sócio do escritório TozziniFreire, estava afastado do trabalho havia cerca de sete anos devido a problemas de saúde. Morreu em 28 de outubro, aos noventa anos, de falência de órgãos. Deixou duas filhas e três netos.

30.10.2009

LUIZ SADAKI HOSSAKA

O mais antigo funcionário do Masp

É difícil separar a história do Masp (Museu de Arte de São Paulo) da trajetória de vida de Luiz Sadaki Hossaka. Paulista de Birigui, mudou-se para São Paulo em 1946. Na época, queria estudar química, como disse em entrevista à *Folha* em 1997.

Dedicou a vida não aos laboratórios, mas ao mundo das telas e pincéis, e se tornou referência nas artes plásticas pelos anos de serviços prestados ao Masp.

Deu os primeiros passos dentro da instituição em 1950, época em que o museu ainda ocupava quatro andares do edifício dos Diários Associados, na rua Sete de Abril, região central de São Paulo. Ali, conviveu com o empresário Assis Chateaubriand e foi secretário do professor Pietro Maria Bardi. Na década de 1960, testemunhou e registrou com sua câmera a construção de cada pilar da nova sede do Masp na avenida Paulista.

Desde então, acompanhou cada capítulo da história do museu, até se tornar conservador-chefe, em 1994. Antes, atuara comandando a programação de cinema, organizando cursos de música e como curador. Tamanha experiência o transformou em referência para os colegas do Masp.

"Ele dedicou toda a vida e a carreira ao museu, presenciou as fases mais variadas, da mais histórica à moderna. Como fotógrafo, produziu praticamente todas as imagens educativas e documentou as obras do museu. Era um 'pedaço' fundamental do Masp", lembra o curador e coordenador da instituição, Teixeira Coelho.* "Minha vida é o Masp.

* José Roberto Teixeira Coelho foi curador do Masp entre 2006 e 2014. [N.E.]

Se me derem o bilhete azul, não sei... Perco o rumo", afirmou na ocasião da entrevista, em 1997, quando disse também que, naqueles 47 anos de trabalho, jamais tirara férias.

Hossaka morreu na manhã de 7 de novembro, aos 81 anos, vítima de hemorragia interna. Foi velado no mesmo dia no subsolo do museu a que dedicou 59 anos de vida.

9.11.2009

DUÍLIO MARTINO

O implacável pesquisador da seleção

O engenheiro Duílio Martino, o maior estudioso da seleção brasileira, foi também um grande estraga prazeres.

Jairzinho, o Furacão da Copa de 1970, soube disso quando comemorou seu centésimo jogo vestindo o manto canarinho. Duílio provou, por A mais B, que aquela era, no fundo, a 102ª partida do atacante.

Zagallo entrou na mira dele em 1995. Em julho, festejou o recorde de técnico que mais vezes dirigira o escrete. Estava errado: batera a meta um mês antes.

O pesquisador, implacável, provava tudo com seu arquivo, iniciado no começo do século XX pelo pai, que anotava todas as informações dos jogos que via. Tinha quase tudo ali, até dados anteriores à primeira partida da seleção, ocorrida em 1914.

Nos anos 1950, Duílio assumiu os arquivos. Às vezes, batia as fichas à máquina; outras, fazia-as à mão. Em 1984, a *Placar* fez uma edição com todos os jogos da equipe, usando seus dados. Era rigoroso e confiável, diz Juca Kfouri, que conta que Duílio se revoltava por ser superado pela informática.

Palmeirense, envolveu-se ainda com política, tendo sido preso durante a ditadura militar e participado da fundação do PSDB (Partido da Social Democracia Brasileira).

Morreu no dia 7 de novembro, aos oitenta anos, devido a várias complicações de saúde. Teve dois filhos e cinco netos. Há alguns anos, cedeu os arquivos ao amigo Mario Giannini, que trabalhara com ele na atualização dos dados.

17.11.2009

LUIS FERNANDO SCHUARTZ

O professor citado por Habermas no rodapé

Aparecer numa notinha de rodapé enchia Luis Fernando Schuartz de orgulho. Não era para menos: seu nome está lá, no pé de página de um trabalho recente do filósofo alemão Jürgen Habermas. A citação remete à tese que Luis apresentou na Alemanha em 1999, quando concluiu seu doutorado. Nela, critica conceitos do filósofo.

Só que seus estudos lhe renderam mais dividendos. Recentemente, Luis pediu a Habermas uma carta de recomendação para uma bolsa que tentava. Foi não só atendido como chamado de brilhante pelo autor alemão.

A Capes (Coordenação de Aperfeiçoamento de Pessoal de Nível Superior) aprovou seu pedido de bolsa de estudos. Luis pretendia se mudar, em janeiro de 2010, para os Estados Unidos, onde dividiria um apartamento com um colega. Faria o pós-doutorado na Universidade Yale.

Formado em direito pela PUC-SP (Pontifícia Universidade Católica de São Paulo) em 1988, era professor da Escola de Direito da FGV (Fundação Getulio Vargas) do Rio de Janeiro.

O amigo Guilherme Leite Gonçalves, também professor, diz que Luis era muito preocupado em criar na faculdade de direito um espaço que fosse além do preparo dos alunos para o mercado de trabalho – sua vontade era que se produzisse mais ciência.

Esportista, jogava muito bem futebol, adorava surfar e andar de bicicleta à noite, pois, muito estudioso, era o único tempo livre que tinha.

Morreu no dia 22 de novembro, aos 43 anos. Segundo a família, teve morte súbita. Não deixou filhos.

26.11.2009

MARCELO WALIGORA

Um homem do *show business* e seu Po-ro-jeto SP

Na esquina da Augusta com a Caio Prado, numa área de 16 mil metros quadrados no centro de São Paulo, Marcelo Waligora armou um circo com o irmão, Arnaldo. Não era um circo tradicional, com palhaço, malabarista e globo da morte.

Naqueles anos 1980, sob a lona importada, eles botaram alguns dos nomes mais importantes da música nacional e internacional para tocar. Antes de cada espetáculo, Marcelo anunciava a atração com o seguinte bordão: "Po-ro-jeto SP apresenta...".

Rapaz que fizera dois anos de faculdade de química, sem concluir, e que depois se formou em publicidade pela ESPM (Escola Superior de Propaganda e Marketing), Waligora chegou a apresentar mais de trezentos artistas.

O primeiro show, lembra Arnaldo, foi com o baixista norte-americano Stanley Clarke. A lista de atrações que por lá passaram é enorme. Entre tantos, apresentaram-se os brasileiros Titãs, Paralamas do Sucesso e Legião Urbana e os estrangeiros Nick Cave, Iggy Pop, David Byrne e Jethro Tull. Como diz o jornalista Paulo Alves, que trabalhou com Marcelo, pelo menos uma vez por mês um artista internacional se apresentava na cidade.

Poucos anos depois da criação do Projeto SP, os eventos foram transferidos para uma área maior, na Barra Funda, zona oeste da capital. Funcionou até o início dos anos 1990.

Marcelo continuou trabalhando com eventos e ultimamente tocava projetos relacionados à preservação da natureza, na Bahia, onde vivia. Ele morreu em 30 de novembro, aos 51 anos, de infarto. Deixou dois filhos.

7.12.2009

JOANNA PARISI

Mãe de Lombardi morre sete dias após o filho

Joanna Parisi vivia no Bixiga, centrão de São Paulo, quando conheceu Américo Lombardi, alfaiate e morador da Lapa, na zona oeste da capital. Namoro vai, namoro vem, casaram-se – ela tinha apenas dezessete anos na época. Alugaram uma casa no bairro italiano onde a noiva já vivia.

O sonho de Joanna era ter casa própria, conta Reinaldo, um dos filhos. A clientela formada pelo marido era boa: poderiam ter comprado tantas casas que daria uma vila. Américo, no entanto, não administrava bem as receitas.

Tiveram quatro filhos. Um deles, Luiz Lombardi Neto, tornou-se o locutor de Silvio Santos. Joanna, às vezes, pedia para o filho conversar com o patrão. Quem sabe ele não a ajudava com a casa?

Em 1995, o marido morreu, em decorrência de Alzheimer. Joanna morou um tempo com um dos filhos até se mudar para uma clínica. Por volta de 2006, a família a visitou no Dia das Mães e a encontrou triste. Reinaldo a levou para casa. Voltou assim a ouvir suas canções italianas e seu Roberto Carlos. Nos churrascos, pedia para beber cerveja.

No começo de 2009, sofreu dois AVCs (acidentes vasculares cerebrais). Ficou em estado vegetativo até 9 de dezembro, quando morreu, aos 88 anos, deixando oito netos. Não teve a casa sonhada. No intervalo entre sua morte e a do filho Lombardi, de infarto, na semana anterior, nasceu Júlia, décima bisneta.

13.12.2009

ALBINA DINIZ BERGAMIN

Ela só atendia pelo nome Mercedes

A professora foi até o pai de Albina Diniz Bergamin e lhe disse: "Sua filha é surda". O pai, surpreso com a afirmação, garantiu que a audição da menina era perfeita.

Aconteceu o seguinte: quando Albina estava para nascer, a mãe dela decidiu que seu nome seria Mercedes. Só que no cartório, na surdina, o pai homenageou a própria mãe e batizou a criança de Albina. Ao chegar em casa, engavetou a certidão.

Em casa, Albina sempre foi Mercedes. Na escola, quando a professora fazia a chamada e o nome de registro era anunciado, a garota nunca respondia. Por isso, pensou-se que fosse surda.

Mercedes não só ouvia perfeitamente como tocava piano muito bem. Certa vez, um maestro a viu tocar e sugeriu a seu pai que ela saísse de Limeira (SP), onde morava, para estudar em outra cidade.

O pai, severo, respondeu que não: ela já sabia tocar, tinha de aprender a fazer feijão. Assim, ela se tornou dona de casa, e tinha talento para a cozinha, como diz a sobrinha Célia, lembrando-se do manjar branco que a tia fazia.

Casou-se com o médico e professor Francisco Bergamin e mudou-se para São Paulo, cidade que amava. Em 1981, ficou viúva. Quatro anos depois, perdeu neto e nora num acidente. O único filho morreu em 2004. Ultimamente, vivia com a sobrinha.

Baixinha, magra, era ágil, ativa e de boa memória. Em dezembro, quebrou o fêmur. Morreu no dia 14 de janeiro, aos 99 anos, devido a uma infecção hospitalar.

17.1.2010

JOSÉ DIAS HERRERA

O primeiro fotógrafo a registrar Pelé

Até por volta de 2007, José Dias Herrera, o Zezinho, era um dos fotógrafos mais antigos em atividade no país. Aos 86 anos, ele ainda fazia pautas para a Prefeitura de Santos.

Foram mais de sessenta anos de profissão, um acervo formado por cerca de 100 mil negativos e incontáveis histórias.

Um dos episódios mais marcantes – e tristes – que ele guardou na memória foi quando, nos anos 1980, acompanhava o prefeito na inauguração da ala de cardiologia de um hospital. Num determinado momento, o prefeito sentiu-se mal e sofreu um infarto fulminante. Zezinho, naquele instante, abaixou a câmera.

Filho de um imigrante espanhol e vidraceiro, ele nasceu em São Paulo, mas bem cedo mudou-se para Santos. Aos catorze anos, teve o primeiro contato com a fotografia. Por volta dos dezessete, entrou para o jornalismo. Trabalhou nos periódicos *O Diário* e *A Tribuna*. Registrou Getúlio Vargas, Jânio Quadros, Luís Carlos Prestes e um personagem que se tornaria recorrente: Pelé.

Segundo a filha Ilka, o pai foi o primeiro a fotografar o jogador. As fotos do casamento do rei estão entre as muitas de seu arquivo, doado para a Fundação Arquivo e Memória de Santos.

À filha dizia que, caso se aposentasse, morreria. Estava morando em Campinas e tinha um câncer, que não lhe foi revelado. Morreu em 17 de janeiro, aos 89 anos. Teve duas filhas, cinco netos e uma bisneta.

19.1.2010

ISTVÁN JANCSÓ

Húngaro que dedicou a vida à universidade

Ao lado do bibliófilo José Mindlin, István Jancsó foi vencendo aos poucos a "burrocracia", como conta sua filha Virgínia, para tornar real a doação da biblioteca do empresário à USP (Universidade de São Paulo) e, assim, dar vida ao projeto Brasiliana.

Professor de história formado pela USP em 1963, István era um húngaro de sotaque baiano – "oxente" era frequente em seu vocabulário. Com os pais, chegou ao Brasil aos nove anos, fugindo da guerra.

Formado, mudou-se de São Paulo para a Bahia para atuar como professor. Nessa época, aprendeu os segredos da culinária local com o amigo João Ubaldo Ribeiro.

Durante a ditadura, foi preso, torturado – perdeu parte da audição – e se exilou. Na França, deu aulas, mas voltou ao Brasil. Foi trabalhar numa indústria, mas manteve o sonho de retornar à universidade.

Nos últimos tempos, atuava como professor titular do IEB (Instituto de Estudos Brasileiros), da USP, e coordenador do Brasiliana, onde será possível pesquisar o maior acervo de livros e documentos sobre o Brasil.

Sua vida era toda dedicada à USP, conta Pedro Puntoni, professor de história na mesma universidade. Em 2007, ele intermediou a saída dos estudantes que haviam ocupado o prédio da reitoria. Assim explicou a atitude: "Sou professor, tinha que estar perto dos meus alunos".

István morreu em 23 de março, aos 71 anos, devido a um câncer. Apenas 23 dias depois de Mindlin. Deixou viúva, dois filhos e duas netas. O velório foi no mesmo dia do falecimento, na Beneficência Portuguesa, de onde saiu aplaudido para o crematório.

24.3.2010

NORÁ BARCELLOS LEITE

Lalá queria voltar à Disney ao fazer oitenta anos

Em 2011, Norá Barcellos Leite, a Lalá, comemoraria seu octagésimo aniversário e planejava ir pela nona vez à Disney. Ela amava a Disney.

Fazia as viagens ao parque – conheceu até sua versão europeia, a EuroDisney – com amigas ou sozinha. Também levava a família, pagando inclusive as passagens – chegou a fazer isso com as sobrinhas-netas.

Formada em dois cursos – educação física e direito –, em São Paulo, a gaúcha de Pelotas permaneceu solteira e não teve filhos. Sobre esse assunto, até brincava: "Para quem Deus não deu filhos, o diabo deu sobrinhos".

Tinha mania de voltar do exterior trazendo várias bugigangas tecnológicas ainda inéditas no Brasil, como pequenos televisores portáteis. Em casa, costurava. Gostava de miniaturas e de colecionar enfeites de Natal.

Professora de educação física da rede pública, Lalá chegou a integrar a delegação brasileira em diversos Jogos Olímpicos, como os de Munique, em 1972, como membro da comissão técnica.

Muito brincalhona, era dona de tiradas espertas. Dizia que o seu segredo para estar sempre de bem com a vida consistia em tolerância, paciência e alegria de viver.

Todos os carros que teve foram Fuscas. O último que adquiriu, e que ainda tinha, era um bege, de 25 anos. Assim, ficou sendo a Lalá do Fusca.

Morreu em 8 de abril, aos 79 anos, em decorrência de um câncer.

14.4.2010

MARIA CECÍLIA BETIM BICALHO KEHL

Ela se entregou aos filhos e encantou os netos

Em 1945, aos vinte anos, Maria Cecília Betim Bicalho deixou Campinas e veio à capital estudar engenharia. Foi a única mulher nos cinco anos do curso de engenharia civil, numa época em que a Escola Politécnica da USP não tinha nem banheiro feminino em suas dependências.

Começou acanhada, discreta, mas sua inteligência conquistou os colegas, além do amor de outro recém-chegado a São Paulo, Sérgio Kehl, com quem se casou em 1950 – de vestido curto na igreja, sem grandes solenidades. Estava à frente de seu tempo.

Após 23 anos de casamento, separou-se. Fiel, por personalidade e formação, a seus compromissos afetivos, manteve o sobrenome do ex-marido.

Não chegou a exercer a profissão de engenheira; preferiu criar os quatro filhos. Só na década de 1970, com eles já crescidos, foi trabalhar na Secretaria do Bem-Estar Social da Prefeitura de São Paulo, onde ficou até se aposentar, em 2000. Gostava do ambiente da secretaria e especialmente da colega e atual deputada Luiza Erundina. Foi uma colega queridíssima, competente, solidária.

Cecília lia bastante e escrevia bem. Trocou correspondência com escritores de seu tempo, como Monteiro Lobato, nos anos 1930, e Manuel Bandeira, nos 1960.

Teve dez netos, que a consideram a melhor avó do mundo. Disponível, paciente, "inventadeira" de histórias e de programas divertidos. Sua casa ficou na lembrança deles como uma espécie de reino encantado da infância.

Morreu no dia 24 de abril, depois de uma trombose pulmonar. Não gostava de dar trabalho a ninguém e se despediu dizendo: "Agora peço licença para descansar um pouquinho".

1º.5.2010

MARLYSE MADELEINE MEYER

A mulher que sabia demais

A erudição de Marlyse Madeleine Meyer era tamanha que surpreendia todos que a conheceram.

Durante sua carreira como professora de literatura da USP (Universidade de São Paulo) e da Unicamp (Universidade Estadual de Campinas), entre as décadas de 1950 e 1980, corria o boato de que apenas Antonio Candido teria lido mais livros do que ela.

Segundo o crítico literário Davi Arrigucci Jr., a professora conhecia toda a produção literária brasileira dos séculos XIX e XX. Sua formação, entretanto, foi variada. Discorria com igual prazer sobre literatura francesa ou cultura popular. Ativa, mesmo depois de aposentada, era presença constante nas universidades. Orientou dezenas de teses e sempre tinha um livro para emprestar aos alunos.

A relação da professora com a cultura francesa aprofundou-se em 1953, quando se mudou com o marido, o físico João Meyer, para Paris, onde deu aulas na Sorbonne. De volta ao Brasil em 1975, fundou um grupo de pesquisa na USP com o nome de Instituto de Altos e Baixos Estudos, fazendo alusão aos seus ecléticos interesses. Entre suas obras, destaca-se o livro *Folhetim*, análise sobre a relação da telenovela com o romance seriado francês do século XIX.

Entre 1999 e 2001, Meyer dirigiu o Centro Brasileiro de Estudos da Fundação Memorial da América Latina.

Na manhã de 19 de julho, sofreu uma parada cardíaca. Morreu aos 85 anos.

Divorciada, deixou três filhos e dois netos.

20.7.2010

GABRIELLA PALLAVICINI PASCOLATO

Fez os tecidos finos da moda

Nascida em Tortona, na Itália, Gabriella casou-se com o advogado Michele Pascolato, que viria a ser ministro do ditador Benito Mussolini. Foi para fugir da perseguição aos fascistas que, em 1945, atravessou as montanhas dos Alpes a pé com o filho Alessandro, de dois anos, no colo, a filha Costanza, de quatro, e a babá.

Após quarenta dias num campo de refugiados, reencontrou o marido e partiu para o Brasil, estabelecendo-se em São Paulo. Logo tornou-se representante na América do Sul dos sapatos feitos pelo estilista italiano Salvatore Ferragamo. Cliente dele desde os dezessete anos, aqueles calçados eram os únicos que ficavam confortáveis em seus pés arqueados.

No ano seguinte, no entanto, o presidente Eurico Gaspar Dutra baixou uma medida que limitava a importação de artigos de luxo. A norma, a um só tempo, acabava com o incipiente negócio e abria um mercado: não havia produção de tecidos nobres no país.

Em 1948, Gabriella fundou a Santaconstancia Tecelagem, com apenas oito teares. A empresa cresceu e ocupou um papel pioneiro na indústria. Gabriella chegou a ser chamada de rainha da moda em desfile da edição de 2003 da São Paulo Fashion Week.

Suas histórias estão no livro *Gabriella Pascolato: Santa Constância e outras histórias*, de Sérgio Ribas.

Morreu em 22 de agosto, aos 93 anos, em São Paulo, de causas naturais. Deixou dois filhos, quatro netos e seis bisnetos.

25.8.2010

ROBERTO DE PESSOA

O paraquedista brasileiro nº 1

Em 1936, o paraibano Roberto de Pessoa foi enviado à Olimpíada de Berlim, na Alemanha, sem a obrigação de voltar com uma medalha.

À época tenente do Exército brasileiro, tinha como missão observar o treinamento dado aos atletas alemães e trazer as mesmas técnicas. Seu trabalho de "espionagem" ficaria mais fácil se ele tivesse acesso aos governantes alemães, pensou. Por isso, arrumou uma credencial de imprensa e conseguiu entrar, durante os jogos, na tribuna onde estava Hitler. Apertou a mão do líder nazista e foi apresentado ao ministro dos Esportes do país. Acabou tendo acesso à academia de esportes alemã.

Foi durante essa missão que Roberto se encantou ao ver os paraquedistas. Quis fazer o curso, mas teve o pedido negado. Deixaram-no fazer o curso de planadores. De volta ao Brasil, ajudou a desenvolver as práticas de educação física usadas nos treinamentos do Exército.

Quando a Segunda Guerra estourou, e o Brasil se opôs aos nazistas, Roberto pediu para treinar com os paraquedistas norte-americanos. Em 1944, concluiu o curso – e retornou como o primeiro paraquedista militar do país.

Nos anos 1950 e 1960, comandou um batalhão de infantaria paraquedista. Chegou a general de divisão.

Morreu em 17 de setembro, aos cem anos, no Rio de Janeiro, após um infarto. Teve seis filhos (dois são coronéis paraquedistas), onze netos e uma bisneta.

18.9.2010

LEO PAUL ROTHRAUFF

Um monge dos EUA em Vinhedo

Na época em que fazia doutorado em economia nos Estados Unidos, Leo Paul Rothrauff foi designado para vir ao Brasil. Aceitou por considerar que, como monge, seria muito mais útil do que como professor de faculdade.

Assim, acabou não concluindo os estudos, mas, no Brasil, foi o responsável pela construção da igreja e do Mosteiro de São Bento em Vinhedo (SP) e da casa de retiro Siloé, na mesma cidade.

Ao todo, dom Léo, como era chamado, permaneceu 36 anos no interior de São Paulo, e teria ficado mais, se não o tivessem chamado de volta aos Estados Unidos.

Quando estava em Vinhedo, cedeu, em 1968, um espaço da casa de retiro para a UNE realizar um encontro. Achou que cinquenta estudantes fossem participar, mas no dia compareceram trezentos. A polícia apareceu, os estudantes fugiram, e dom Léo teve de ir se explicar na delegacia. Como não tinha nenhuma ligação além de ter cedido o espaço, foi liberado.

Apaixonado pelo Brasil, adorava café e caipirinha, e dizia querer ser enterrado no país, lembra o amigo dom Paulo. Em 1998, inaugurou o cemitério do mosteiro e escolheu a própria campa. Dois anos depois, veio a ordem para retornar a sua terra natal. Chateado, partiu devido ao voto de obediência.

Em julho deste ano, visitou Vinhedo pela última vez e aproveitou para celebrar missa em comemoração aos seus sessenta anos como monge.

Morreu em 25 de setembro, aos 82 anos, após sofrer um infarto, nos Estados Unidos.

26.9.2010

DINA KOLKER LACERDA

Teve um amor à Romeu e Julieta

Estavam na Biblioteca Municipal, mas em vez de olharem para os livros, viram um ao outro. Ali, Dina Kolker se apaixonou por Leopoldo. Ambos eram estudantes de sociologia da USP (Universidade de São Paulo). Só que havia um porém: Dina era filha de judeus; Leopoldo, de protestantes.

Namoraram escondido por dois anos. Quando foram descobertos, os pais da moça, contrários à união, trataram de mandá-la para Israel, a fim de separar o casal. Ela foi. Morou dois anos num kibutz, aprendeu hebraico e, por um ano, foi gerente de uma loja num hotel.

A estratégia não deu em nada. Quando retornou ao país, Dina voltou a namorar Leopoldo, que, muito carismático, acabou aceito pela família.

Casaram-se em 1964. O marido, formado também em direito pela USP, trabalhou a vida toda como advogado. Juntos, adoravam viajar. Mesmo com três filhos, botavam a molecada no carro e iam de São Paulo a Fortaleza. Em casa, conta a filha Sabrina, a sintonia entre os dois era tão grande que eles se comunicavam até por assobios.

Dina dedicou-se à família e teve de superar intempéries. Cuidou da mãe, que aos 54 anos morreu em decorrência de um câncer. Com a irmã, a situação foi semelhante. Em 1994, Leopoldo morreu de leucemia, aos sessenta anos. Em 2008, a filha Sabrina também teve câncer e, ao lado da mãe, conseguiu se curar.

Dina nunca reclamou da vida. Mesmo viúva, manteve o gosto pelas viagens e foi com os filhos até Israel.

Na madrugada de 2 de novembro, morreu aos 73 anos, também de leucemia. Teve três filhos e duas netas.

9.11.2010

ENRIQUE SVIRSKY

O ambientalista e o basquete

Enrique Svirsky, uruguaio de nascimento, era brasileiro por opção, brinca o amigo e biólogo João Paulo Capobianco.

Foi aqui no país do futebol que ele decidiu levar uma vida como ambientalista e como um apaixonado pelo esporte cujo objetivo é levar a bola ao cesto. Tirando proveito do fato de ser alto, Enrique foi um basquetebolista. Jogava pelo Clube Hebraica, integrava equipes de veteranos e organizava campeonatos. Segundo o amigo, ele percorreu o mundo todo praticando o esporte.

Mas também gostava de futebol, como todo bom brasileiro – era um torcedor vidrado pelo São Paulo.

Era mestre em sociologia, com um estudo sobre a questão agrária entre populações marginalizadas, pela Flacso (Faculdade Latino-Americana de Ciências Sociais), no México. Já no Brasil, estudou administração de empresas na FGV (Fundação Getulio Vargas).

Por longos anos, trabalhou na Cetesb (Companhia Ambiental do Estado de São Paulo), órgão ligado à Secretaria Estadual do Meio Ambiente, onde ele coordenou o Proaong (Programa Estadual de Apoio às Organizações Não Governamentais). Também auxiliou a SOS Mata Atlântica em programas de captação de recursos.

Em meados dos anos 1990, foi um dos fundadores do ISA (Instituto Socioambiental), de onde foi vice-presidente – desde maio de 2005, era secretário-executivo adjunto.

Em 2010, descobriu um câncer. Morreu em 3 de dezembro, aos 59 anos, em decorrência da doença. Deixou a viúva, Mônica, e dois filhos, Renato e Rodrigo.

6.12.2010

ELECTRA DELDUQUE DE BARROS

As mudas no jardim de Electra

Sempre que a via no ônibus, o rapaz a paquerava, mas achava que a moça, Electra Delduque, não lhe dava bola. Ela, com um problema nos olhos, não enxergava bem, só que ele, Geraldo de Barros, não sabia disso.

Conheceram-se mesmo no baile de Carnaval do Municipal, em São Paulo, nos anos 1940. Ele, sem caneta, usou o batom de Electra para anotar o telefone dela.

Nascida em Ribeirão Bonito (SP), onde foi criada pela avó e tias após perder o pai muito cedo e ver a mãe, ainda jovem, ter um derrame, ela chegou à capital aos dezessete anos.

Sua família tinha o costume de pôr nomes de origem grega nas crianças. Electra surgiu após seu pai saber que este era o nome da filha do inventor Guglielmo Marconi.

Já namorava Geraldo quando o pintor, fotógrafo e designer foi estudar na França. Ela o esperou em São Paulo. Casaram-se em 1952, na capela Cristo Operário, onde ficava a Unilabor, cooperativa que fabricava móveis criada por ele.

Quando nasceram as filhas, Electra largou o emprego no Tribunal de Justiça. Anos depois, como gostava de jardinagem, fez cursos e teve uma empresa. Na casa de São Roque, comprada pelo casal em 1970, ela plantou mudas e fez todo o jardim.

Desistiram de viver no local porque Geraldo sofreu um AVC (acidente vascular cerebral). O lugar virou uma casa de campo, que Electra frequentou até os últimos dias. Lá, suas mudas viraram árvores enormes.

Viúva desde 1998, ela morreu em 14 de dezembro, aos 91 anos, devido a um derrame. Deixou as filhas Lenora e Fabiana.

16.12.2010

CECILIA MIRANDA DE CARVALHO

Última irmã viva de Carmen Miranda

O incentivo para que Cecilia Miranda tentasse a carreira artística partiu das irmãs e do marido. Dos seus cinco irmãos, quatro cantavam, e uma irmã, Carmen Miranda, tornou-se mundialmente conhecida.

Cecilia teve curta carreira nos anos 1930. Apareceu em revistas, cantou na rádio Sociedade, no Rio de Janeiro, e participou do coro em algumas gravações.

Mas quando ficou grávida, em 1935, os enjoos começaram a atrapalhá-la. Logo que teve a filha, Carminha, cujo nome é uma homenagem à irmã, ela decidiu parar.

Filha de um barbeiro e de uma lavadeira portugueses, Cecilia nasceu no Rio. Ao sofrer uma forte queda, ainda criança, ficou estrábica.

Quando a mãe montou uma pensão, foi copeira no negócio. Lá, conheceu um comerciante português chamado Abilio, por quem as irmãs – inclusive Carmen – tinham uma queda. Abilio se apaixonou por Cecilia, e eles se casaram em 1931. Em 1939, o marido morreu do coração.

Assim que soube do ocorrido, Carmen, dos Estados Unidos, mandou um recado: "A partir de agora, vocês são minha responsabilidade". Cecilia e a filha viveram nos EUA por um tempo, nos anos 1940. Carmen pagou até o final os estudos de Carminha, hoje professora de inglês aposentada.

No Rio, Cecilia foi funcionária pública estadual e cuidou do acervo da irmã no Museu Carmen Miranda.

Era generosa, conta a filha. Se elogiavam uma pulseira que estava usando, ela era capaz de dá-la de presente.

Morreu no dia 21 de maio, aos 97 anos, de falência de órgãos e outras complicações. Além da filha, deixa cinco netos e onze bisnetos.

27.5.2011

ROSINERY MELLO DO NASCIMENTO BARCELOS DA SILVA

A fogueteira do Maracanã

O relógio marcava 24 minutos do segundo tempo, e o Brasil vencia o Chile por 1 a 0 no Maracanã. Era setembro de 1989. As equipes disputavam uma vaga para a Copa de 1990, na Itália. De repente, fumaça no campo, e o goleiro chileno Roberto Rojas caído.

"Quando vi a fumaça perto do goleiro, não entendi nada. Depois que eu soube que tinham jogado um sinalizador. Nem acreditei que uma mulher tinha feito aquilo", disse o jogador Careca, que tinha marcado o gol do Brasil.

Rosinery Mello do Nascimento Barcelos da Silva, na época com 24 anos, transformou-se naquele momento na "fogueteira do Maracanã".

A atitude impensada custou a carreira de Rojas, do técnico Osvaldo Aravena, do médico Daniel Rodríguez e do dirigente Sergio Stoppel. Isso porque Rojas havia simulado, com o apoio da equipe, ter sido atingido.

Descoberta a farsa do goleiro, o Chile ficou fora das Copas de 1990 e de 1994. Presa por 24 horas, Rosinery recebeu um convite para posar para a capa da *Playboy*. Recebeu 40 mil dólares de cachê.

Aos 45 anos e mãe de três filhos, morreu no dia 5 de junho, após aneurisma cerebral. Nos últimos anos, vivia em Araruama (RJ), onde era dona de um bar.

7.6.2011

ESTAMIRA GOMES DE SOUSA

Protagonista do filme *Estamira*

Estamira Gomes de Sousa, ex-funcionária de um lixão que teve a vida retratada no documentário *Estamira*, premiado no Festival do Rio e na Mostra Internacional de Cinema de São Paulo em 2004, morreu em 28 de julho, aos setenta anos, no Rio de Janeiro. A causa da morte foi uma infecção generalizada.

Natural de Jaraguá (GO), trabalhava havia mais de vinte anos no aterro de Jardim Gramacho, em Duque de Caxias, quando o diretor do filme, Marcos Prado, a conheceu.

Em 1996, Prado já ganhara um prêmio de fotografia pelos registros realizados por três anos no lixão. Continuou indo ao local e, em 2000, pediu para tirar fotos de uma mulher que viu no caminho.

Era Estamira. Ela, que sofria de distúrbios mentais, lhe contou que tinha uma missão: "Revelar e cobrar a verdade". Questionou o fotógrafo se ele sabia qual era a dele. Antes que Prado respondesse, ela disse: "A sua missão é revelar a minha missão". Assim, ele decidiu rodar o filme.

Segundo o filho Hernane, a mãe continuou recebendo atenção do diretor mesmo após o lançamento do documentário. Ganhava uma mesada. Marcos Prado afirmou que cuidou dela diversas vezes.

Sobre a morte de Estamira, contou o filho: "Ela foi totalmente negligenciada, ficou horas sem ser atendida no [hospital] Miguel Couto". Hernane diz que a mãe esperou mais de cinco horas. O hospital informou que ela deu entrada na terça com quadro infeccioso grave e que recebeu todo o acompanhamento necessário.

30.7.2011

JOÃO DA COSTA FALCÃO

Cuidou da segurança de Luís Carlos Prestes

O ano de 1938 marcou a vida do baiano João da Costa Falcão: foi quando ele ingressou na Faculdade Livre de Direito, em Salvador, e começou a militar no Partido Comunista Brasileiro (PCB), que atuava clandestinamente contra o regime de Getúlio Vargas.

Dali para a frente, trabalhou intensamente no PCB. Foi preso, exilou-se na Argentina e, ao lado de outros militantes, criou publicações comunistas como a revista *Seiva* e o jornal *O Momento*.

Em 1945, concorreu às eleições para deputado federal constituinte pelo partido – já legalizado –, tornando-se suplente de Carlos Marighella.

Dois anos mais tarde, com a volta da sigla à ilegalidade, mudou-se para o Rio de Janeiro, onde passou a militar novamente na clandestinidade. Lá, tornou-se o responsável pela segurança do líder comunista Luís Carlos Prestes até 1950, quando voltou para Salvador.

Após se distanciar da política, ajudou a criar o *Jornal da Bahia*. Também fundou uma imobiliária e um banco.

A partir de 1988, dedicou-se à vida literária. Membro da Academia de Letras da Bahia, publicou seis livros. O primeiro deles foi *O partido comunista que eu conheci*.

Pouco mais de um mês antes de falecer, decidiu escrever uma biografia de Prestes. Começou a remexer papéis guardados desde a época em que trabalhara com ele, mas, como os documentos estavam velhos e empoeirados, acabou tendo uma crise asmática, que depois virou uma pneumonia.

No dia 27 de julho, morreu de falência múltipla dos órgãos, aos 91 anos. Deixou a mulher, Hyldeth, com quem era casado havia 64 anos, 6 filhos, 21 netos e 13 bisnetos.

3.8.2011

NADIR GOUVÊA KFOURI

Reitora da PUC na invasão de 1977

Um dos prazeres de Nadir Gouvêa Kfouri quando foi reitora da PUC (Pontifícia Universidade Católica), de 1976 a 1984, era poder observar da janela de sua sala os estudantes da universidade. Solteira, considerava aqueles alunos, ao lado dos sobrinhos, seus filhos.

Ela se tornou um ícone na PUC-SP por ter, em 1977, enfrentado os militares que invadiram a instituição para reprimir violentamente um ato estudantil. Recusou-se a responder e a apertar a mão das autoridades e, dias depois, apresentou uma queixa-crime contra a Secretaria da Segurança Pública pela invasão e danificação das instalações.

Nascida em Avaré (SP), era a mais velha de seis irmãos. Veio jovem a São Paulo, onde, nos anos 1930, entrou na Escola de Serviço Social, tendo se formado na primeira turma. Acabaria diretora da escola, que foi depois incorporada à PUC.

Concluiu a pós-graduação nos Estados Unidos, nos anos 1940, e, na década seguinte, deu aulas na Espanha, país pelo qual se apaixonou.

Em 1976, foi convidada a assumir a reitoria da PUC. Em 1980, tornou-se a primeira reitora escolhida em eleições diretas, após receber 7.058 votos de professores, alunos e funcionários. Exerceu o cargo até se aposentar em 1984.

Era brava, enérgica e, ao mesmo tempo, engraçada, lembra o sobrinho e colunista da *Folha de S.Paulo* Juca Kfouri.

Costumava ler o dia inteiro. Por volta de 2009, porém, perdeu a visão. Estava com a saúde fragilizada.

Morreu em 13 de setembro, aos 97 anos, em decorrência de uma pneumonia. No testamento, deixou o apartamento onde morava em São Paulo para o filho da empregada responsável por cuidar dela até os últimos dias.

15.9.2011

MARLENE FRANÇA

Atriz que vendeu frutas na feira

Marlene França foi descoberta enquanto vendia frutas em Feira de Santana (BA). Sua beleza impressionou o cineasta Alex Viany, que rodava um trabalho na cidade, naqueles anos 1950. A jovem foi chamada para as filmagens.

A iniciativa mudou radicalmente a vida da baiana nascida em Uauá, município que, em 2011, tinha 24.294 habitantes. De uma família retirante de dez irmãos, era filha de uma doméstica e de um lavrador. Com os pais e os irmãos, rodou por várias cidades de São Paulo e da Bahia, trabalhando para ajudar em casa.

Após a primeira experiência com o cinema, mudou-se para São Paulo, onde correu atrás do sonho de ser atriz. Dos anos 1950 aos 1980, acabaria atuando em mais de quarenta filmes, como *Jeca Tatu*, ao lado de Mazzaropi, *Lampião, o rei do cangaço* e *O bem-dotado: o homem de Itu*.

Também fez teatro, TV (passou pela Excelsior e Tupi) e chegou a cantar numa boate. Por suas atuações, ganhou prêmios (Governador do Estado e Festival de Gramado). A partir dos anos 1980, dirigiu documentários, como *Frei Tito*.

Foi casada com o cineasta Milton Amaral e, desde a década de 1960, com o empresário Angelo Andrea Ippolito, membro da família Matarazzo, com quem teve três filhos e viveu até o fim da vida.

Em 2007, perdeu um filho atropelado. Ela contou sua própria trajetória no livro *Marlene França: do sertão da Bahia ao clã Matarazzo*, de Maria do Rosário Caetano, parte da coleção Aplauso, publicada pela Imprensa Oficial de São Paulo. Morreu em 23 de setembro, aos 68 anos, após sofrer uma parada cardíaca. Deixa uma neta.

27.9.2011

OLIVIA ARNS

Irmã que alfabetizava crianças

Era de uma família numerosa, com catorze irmãos. Quinta a nascer, Olivia Arns desde pequena já ajudava a mãe a cuidar dos irmãos menores.

Todos eles eram de Forquilhinha, hoje uma cidade com 22.548 habitantes – que, oficialmente, só se tornou município catarinense em 1989. O pai de Olivia, um dos fundadores da cidade, tinha uma empresa que fornecia tudo o que a comunidade precisava, menos telhas. A mãe, dona de casa, por possuir um livro de medicina, dava auxílio aos doentes do município, que nem médico tinha.

Olivia entrou para a vida religiosa nos anos 1940, pouco depois de as Irmãs Escolares terem chegado à cidade.

Ao todo, seis irmãos seguiram nessa área, como dom Paulo Evaristo Arns, arcebispo emérito de São Paulo. Também era sua irmã a médica Zilda Arns, fundadora da Pastoral da Criança que morreu durante o terremoto de 2010 no Haiti.

Olivia passou a ser chamada de irmã Maria Gabriela. Deu aulas em Forquilhinha e depois em cidades gaúchas. Trabalhava com alfabetização de crianças e dirigiu também uma escola estadual.

Em 1969, foi eleita a primeira chefe de uma província religiosa no Brasil. Abriu várias missões no Pará e mandou as primeiras irmãs para o Norte do país, como conta sua irmã Helena, também religiosa.

Nos últimos anos de vida, voltou a morar em Forquilhinha.

Gostava muito de cantar, dançar e ler, lembra a família. No dia 9 de outubro, estava irrequieta. Sentou-se na cadeira em que seu pai costumava descansar e, enquanto cantavam para ela, sofreu um infarto. "Foi para o céu cantando", diz a irmã. Morreu aos 91 anos.

14.10.2011

HENRI ROBIN

Ajudou a fundar a Bic no Brasil

Um dia Henri Robin voltou todo azul do trabalho para casa. Pálpebras, mãos e camisa tinham sido manchadas com tinta durante os primeiros testes da fábrica que ajudou a fundar no Brasil: a Bic.

Francês, nasceu perto da fronteira com a Alemanha, numa região de mineração. Seu pai era engenheiro de minas. Com a guerra, a família foi obrigada a sair da região. Aos dezoito anos, mudou-se para Paris, onde estudou para entrar na escola da Marinha mercante. Depois de formado, navegou por dez anos.

Em 1953, conheceu num navio a brasileira Almerinda, que ganhara uma bolsa para estudar na Sorbonne (Paris). Casaram-se um ano depois e tiveram a primeira filha na França. Em 1959, decidiu vir para o Brasil, onde começou a trabalhar numa fábrica de carrocerias. A mulher dava aulas de francês.

Mas a empresa que o empregava faliu. Henri reencontrou então Michel Pingeot, francês que também conhecera num navio. O amigo estava fundando a Bic Brasil e o chamou para ajudá-lo. A fabricante de canetas, isqueiros e barbeadores havia sido criada nos anos 1940, na França, por Marcel Bich e um sócio. O Brasil foi o terceiro país a ter uma filial.

Trabalharam juntos por décadas. Nos anos 1970, como as linhas telefônicas não chegavam até a fábrica, no Jaguaré, o telefone da Bic ficava em sua casa. Foi diretor administrativo da empresa, segundo a família.

Henri afastou-se da Bic cerca de quinze anos antes de falecer. Era bem-educado e cordial, diz a família. Gostava de ver o mar e teve um veleiro.

Morreu em 9 de dezembro, aos 85 anos, devido a um câncer. Teve quatro filhos e cinco netos.

16.12.2011

JOÃO BITTAR NETO

Fotógrafo, editor e uma referência moral

Os fotógrafos que o paulistano João Bittar Neto ajudou a formar sempre pensavam, quando clicavam, no que ele teria feito naquela situação. Era considerado uma referência moral da profissão. A sensibilidade aplicada ao fotojornalismo ajudou também na condução de equipes, em muitas redações – tanto de revistas quanto de jornais.

O início da carreira data de 1967, no laboratório da editora Abril. Emprestou seu olhar para leitores de *Exame, Placar, Quatro Rodas* e *Veja.* Nos anos 1970, rodou parte do mundo para estudar e chegou a viver uma época em Olinda (PE).

Em 1985, resolveu trilhar um caminho mais independente ao criar a agência Angular Fotojornalismo, mas manteve laços com a imprensa.

Na *Folha de S.Paulo,* começou como fotógrafo, em 1984, e, após outros trabalhos, tornou-se editor, dez anos mais tarde. Foi um dos responsáveis por implantar o então pioneiro processo de digitalização fotográfica no jornal. Trabalhou ainda em *IstoÉ, Contigo, Quem, Época* e *Gazeta Mercantil.*

Querido no meio, era considerado pelos amigos uma pessoa gentil e com um acurado gosto musical.

A partir do lema "é impossível fazer fotojornalismo sem caráter", fez fotos históricas. Como a do ex-presidente Luiz Inácio Lula da Silva, quando ainda era operário, de camiseta levantada, apontando para o próprio umbigo.

Passou a profissão para uma das filhas, Thays, de 21 anos (teve ainda André, de 23, e Marina, de 30), e era casado com a fotógrafa Heloisa Ballarini, de 42 anos.

Morreu em 18 de dezembro, após infarto fulminante e parada cardiorrespiratória, aos sessenta anos.

19.12.2011

MARIA NOGUEIRA LUCARELLI

Viúva de um ponte-pretano roxo

Numa viagem de trem, Maria Nogueira conheceu Moysés. Seis meses depois, a moça de Rio Claro (SP) estava casada. Tinha dezoito anos.

O marido era um encanador e eletricista que, desde os onze anos, nutria uma inquebrantável paixão pela equipe da Ponte Preta, de Campinas. Tão grande era seu amor pelo time que ele e dois amigos compraram o terreno para a construção de um estádio. Fez campanhas para arrecadar fundos e deu até dinheiro do próprio bolso.

Maria, uma autêntica dona de casa de sua época, como é descrita pela família, sempre apoiou o marido em suas investidas futebolísticas. "Mesmo porque não tinha outro jeito", brinca a filha Maria Stela. Ela conta que a mãe não tinha ciúme da equipe. Era também uma torcedora, apesar de não ir às partidas. "Na época, não era comum mulher frequentar estádios."

Em 1948, foi inaugurada a arena da Ponte Preta. O clube se aproveitou da ausência de Moysés, que fazia uma viagem, para botar o nome dele na obra. Ele não queria. Quando voltou a Campinas, não tinha o que fazer. O Estádio Moisés Lucarelli (com "i", apesar de seu nome ser com "y") já estava batizado.

Ele foi dono da indústria de fogões elétricos Lucarelli e de uma loja de artigos de construção. Morreu em 1978.

Ao contrário do marido, brincalhão, Maria era contida e séria. Ativa, não parava um segundo, conta a família. Gostava de ir ao apartamento que a família tinha havia mais de quarenta anos no Guarujá.

Morreu em 29 de dezembro, aos 101 anos, em decorrência de uma pneumonia. Teve três filhos, sete netos e três bisnetos.

2.1.2012

CARLOS ROBERTO PIAZZOLI

Das bandas de rock ao sertanejo

Em 2001, Carlos Roberto Piazzoli, o Piska, encabeçou uma lista ao lado de Roberto Carlos, Caetano Veloso e Djavan. Era a relação dos músicos que mais arrecadaram no país com direitos autorais.

Embora seu nome fosse desconhecido do público, suas músicas fizeram enorme sucesso – especialmente nas vozes das duplas sertanejas. Foi gravado por Zezé Di Camargo e Luciano ("Pare"), Bruno e Marrone ("Agarrada em mim"), Leandro e Leonardo ("Um sonhador") e Chitãozinho e Xororó ("Bandido é o coração"), entre outros.

Paulistano, filho de um músico de quem ficou órfão cedo, começou a carreira tocando guitarra em bandas de rock, como Joelho de Porco. Em 1977, como integrante do conjunto Casa das Máquinas, teve o nome envolvido na morte de um cinegrafista da TV Record, agredido por membros do grupo após uma briga em frente à emissora. Foi absolvido em dois julgamentos na década de 1980.

Trabalhou com Gal Costa, Ney Matogrosso, Marina Lima e, mais recentemente, com KLB. No primeiro disco do trio, de 2000, foi autor de sete das treze músicas gravadas. Segundo a família, sua composição favorita era "Minha estrela perdida", gravada pelo cantor Daniel. Muitas de suas obras eram feitas com o compositor César Augusto.

Fazia treze anos que decidira morar na Praia Grande, onde abriu um estúdio. Havia se afastado do trabalho por causa da saúde: portador de hepatite, estava na fila do transplante, que não chegou a realizar.

Morreu em 30 de dezembro, aos sessenta anos, de falência de órgãos. Deixou duas filhas e muito material inédito, conta a família.

7.1.2012

ANTÔNIO DOS SANTOS CLEMENTE FILHO

Médico e fundador da Apae

Por ser médico, Antônio dos Santos Clemente Filho percebeu rapidamente que seu segundo filho, Zeca, nascera com síndrome de Down. No começo, não sabia como dizer à mulher, Jolinda, a Jô, e proibiu que lhe contassem, com medo de sua reação. Ela só foi descobrir após levá-lo ao neurologista.

"Em 1961, quando o meu filho tinha treze anos, fundei a Apae (Associação dos Pais e Amigos do Excepcional). Nosso objetivo era sair das mãos de um sem-número de ignorantes", Jô escreveu na *Folha de S.Paulo*, em 2006.

Antônio, conhecido como dr. Clemente, engajou-se na luta da mulher. Foi o impulso médico na criação da Apae, conta o filho Cássio, diretor-presidente da associação. Os outros onze fundadores eram todos leigos.

Paulistano, filho de uma professora e de um comerciante português, formou-se pela USP (Universidade de São Paulo) em 1945 e especializou-se em raio X. Lecionou na Escola Paulista de Medicina. Em 1954, fundou com um sócio a URP Diagnósticos Médicos, pioneira em diagnósticos por imagens. Foi vendida para o Laboratório Fleury.

Duas vezes presidente da Apae, ajudou ainda a criar as federações paulista, nacional e internacional das Apaes.

Aposentou-se em 2000. Havia alguns anos, sofria de Alzheimer. Jô, aos 85 anos e sua companheira desde 1947, afastou-se da Apae para cuidar dele.

Aos filhos ensinou que duas palavras movem a humanidade: "obrigado" e "por favor", lembra Cássio. Era culto e adorava viajar de navio.

Zeca morreu em 2001, aos 52 anos. Dr. Clemente morreu no dia 8 de janeiro, aos 91 anos, de insuficiência respiratória. Deixou três filhos, nove netos e cinco bisnetos.

9.1.2012

MELANIE BEREZOVSKY SINGER

Socióloga apaixonada por crianças e cães

Nos últimos tempos, a principal ocupação da socióloga Melanie Berezovsky Singer, que por longos anos trabalhou com pesquisa de mercado e opinião pública, foi ser avó. Uma avó amorosa, que levava e buscava os netos na escola, como conta a família.

Paulistana, filha de imigrantes do Leste Europeu, formou-se na Escola de Sociologia e Política, em 1955. Ainda na faculdade, começou a trabalhar no escritório de pesquisas de um professor, por onde também passou o marido, o economista Paul Singer. Conheceram-se lá em 1959; casaram-se em 1962.

Ficou por mais de dez anos no emprego, até sair para acompanhar o marido quando ele ganhou uma bolsa da Universidade de Princeton. Passaram um ano nos Estados Unidos.

Ao retornar, Melanie voltou a atuar na área de pesquisas. Logo que o Cebrap (Centro Brasileiro de Análise e Planejamento) foi criado, em 1969, recebeu o convite de Fernando Henrique Cardoso para integrar a equipe de pesquisadores. Precisavam de uma tabuladora experiente, lembra o marido.

Em 1979, com duas sócias, montou o Feedback & Database, escritório de consultoria em pesquisa que funciona até hoje. Melanie aposentou-se cerca de cinco anos antes de falecer.

Entre os familiares, era conhecida por Nica, ou Niquinha – o que a diferenciava das três primas que também se chamavam Melanie. A família, judaica, costumava repetir nomes. Tinha paixão por crianças e por cachorros. Se topava com um animal perdido, tratava de lhe dar comida. Ela e o marido, em cinquenta anos de casados, sempre tiveram cães. Como hobby, gostava de fazer tapetes, que dava de presente a amigos e familiares. Tinha grande dom para combinar cores, lembra o marido.

Politizada, defensora da democracia, considerava-se de esquerda. Pela forte amizade do casal com Fernando Henrique Cardoso, tornou-se simpatizante do PSDB (Partido da Social Democracia Brasileira), que apoiava em eleições.

O marido, Paul Singer, secretário de Economia Solidária do governo federal desde 2003, porém, é um dos fundadores do PT (Partido dos Trabalhadores). O filho, André, cientista político e jornalista, atuou como porta-voz da Presidência no governo Lula. Melanie teve ainda as filhas Suzana, *ombudsman* da *Folha de S.Paulo*,* e Helena, socióloga.

No fim de 2010, descobriu um câncer de pâncreas. Morreu na madrugada de 12 de janeiro, aos 79 anos. Teve três netos.

13.1.2012

* A jornalista Suzana Singer foi *ombudsman* da *Folha de S.Paulo* entre 2010 e 2014. [N.E.]

FERNANDO PEIXOTO

Ator e ensaísta, nunca deixou de renovar

Morreu ontem o ator, diretor, ensaísta e crítico teatral Fernando Peixoto, aos 74 anos. Enfrentando um tumor no intestino, Peixoto foi operado em 4 de dezembro, mas complicações decorrentes da cirurgia o mantiveram no hospital desde então. Na madrugada de 15 de dezembro, sofreu três paradas cardíacas no Hospital São Luiz e não se recuperou da última.

Entre 1980 e 1996, foi casado com a ministra da Cultura, Ana de Hollanda,* que o visitou diversas vezes desde o mês passado, e esteve no velório, no Cemitério da Vila Mariana. "Seu trabalho no teatro brasileiro foi revolucionário e sua preocupação com a renovação nunca o abandonou", disse Ana. "Para mim, ele foi muito marcante. Orientou-me muito no palco e na política cultural. Fomos do Partido Comunista juntos."

Nascido em Porto Alegre, em 1937, Fernando Peixoto estreou como ator em 1953. Dez anos depois, mudou-se com sua então mulher, a atriz Ítala Nandi, para São Paulo, onde passou a colaborar com José Celso Martinez Corrêa e Renato Borghi no Teatro Oficina. Atuou ainda no Teatro de Arena, dirigiu várias óperas e montou peças de escritores como Gianfrancesco Guarnieri, Chico Buarque, Jean-Paul Sartre e Bertolt Brecht.

Autor de ensaios, textos teóricos, era também tradutor, professor e coordenador de coleções de teatro nas editoras Paz e Terra e Hucitec, onde trabalhou até o final de novembro de 2011, dias antes de ser internado.

Não teve filhos.

16.1.2012

* Ana de Hollanda foi ministra da Cultura de 2011 a 2012. [N.E.]

ISAÍAS AMBRÓSIO

Funcionário mais antigo do estádio do Maracanã

O primeiro AVC (acidente vascular cerebral) sofrido por Isaías Ambrósio, conta a família, coincidiu com o surgimento dos primeiros boatos de que o Maracanã seria demolido para dar lugar a um novo estádio para a Copa de 2014.

Paulista de Pirajuí crescido em Bauru (SP), começou a trabalhar na arena, no Rio de Janeiro, em 1948, como pedreiro. Dormia no esqueleto da obra. Só foi se aposentar em 2004, na condição de funcionário mais antigo do Maracanã, depois do quarto AVC. Era guia de visitação no local.

O momento mais marcante vivenciado por ele, como dizia, foi a fatídica final da Copa de 1950, quando o Brasil perdeu de 2 a 1 para o Uruguai. Chorou pela derrota, e só interrompeu o pranto para mandar um uruguaio, que gritava ao lado, calar a boca.

No estádio, onde exerceu várias funções ao longo dos anos, teve também momentos de alegria: viu o show de Sinatra e a visita do papa.

Segundo o filho, também chamado Isaías e que também trabalhou no Maracanã, o pai, vascaíno, ganhou uma placa de homenagem na descida para o vestiário e o título de cidadão fluminense.

Viúvo em 2001, casou-se de novo, dessa vez dentro do estádio. Foi viver em Bauru, mas voltou ao estado do Rio quando foi viver em Maricá, em 2008.

Bom de papo, "tinha jeito para ser prefeito", brincavam. Segundo o filho, o trabalho de guia era feito para complementar a renda, já que a aposentadoria do pai era baixa.

Evangélico, costumava ir à igreja e estudar a Bíblia.

Morreu no dia 11 de janeiro, aos 84 anos, por problemas cardíacos. Teve seis filhos, dezoito netos e onze bisnetos. O desejo de ser enterrado no Maracanã não foi realizado.

20.1.2012

ELAINE CESAR

Cineasta lutou contra o câncer na gravidez

Quase ao mesmo tempo, no fim de 2010, a cineasta, publicitária e videomaker Elaine Cesar descobriu, aos 42 anos, que estava grávida e que tinha câncer.

Dali em diante, lutou contra a doença, viu nascer seu filho caçula, Rudá, e lançou um importante documentário, *Evoé! Retrato de um antropófago* (2011), sobre José Celso Martinez Corrêa.

Durante todo o processo manteve ativo seu blog Câncer, Gravidez e Alienação Parental, que o marido, Fred Steffen, pai de Rudá, decidiu manter no ar mesmo após sua morte, na manhã de 26 de janeiro, em decorrência do linfoma.

Do casamento anterior, a paulistana, nascida Gilza Elaine Pinto Cesar, em 1968, deixou Théo, de quatro anos. O filho mais velho foi alvo de disputa judicial com o ex-marido, que pediu a guarda da criança. O assunto alcançou repercussão na época e virou tema dos textos de Elaine em seu blog, em 2011. A cineasta ganhou apoio de diversos amigos e artistas.

Formada em comunicação pela Fundação Armando Alvares Penteado, em São Paulo, Elaine foi também amante das artes cênicas. Após trabalhar em produtoras como a Academia de Filmes, a 5.6 e a Conspiração, a partir dos anos 2000 se aproximou do grupo Oficina. Ali dirigiu projetos videográficos e de captação de peças, como o de *A luta 1*, uma das cinco partes da montagem de *Os sertões*, adaptação da obra de Euclides da Cunha pelo Oficina.

A partir dessas experiências, se aproximou do diretor José Celso Martinez Corrêa, o que resultou na curadoria de exposição sobre o diretor no Itaú Cultural, em 2009, e em *Evoé*, bem recebido no fim do ano passado pela crítica. Sobre o longa, dirigido ao lado do cineasta Tadeu

Jungle, Elaine postou em seu blog, cerca de dois meses antes de morrer: "Mais que um filme, é um sopro de energia".

Usou a página para se engajar em questões que considerava relevantes. Além da disputa pelo filho, falou sobre campanhas de doação de órgãos e de solidariedade para pacientes com câncer. Em seu último post, no dia 13 de dezembro de 2011, se despediu com uma frase do escritor João Ubaldo Ribeiro: "Deus não tem pressa nenhuma, para Ele tudo é ontem, hoje e amanhã, só quem vive dentro do tempo somos nós".

27.1.2012

ALBERICO COSTA BARROS JÚNIOR

O carteiro e o dia de São Sebastião

Todo dia de São Sebastião (20 de janeiro) era dia de Alberico Costa Barros Júnior receber telefonemas dos familiares querendo saber se estava bem.

O costume teve início há quarenta anos, quando sonhou com o finado primo Zé, que lhe contou: sua morte seria num dia de São Sebastião. Só não lhe disse o ano. Bem-humorado, passou as últimas quatro décadas brincando com isso.

Natural de Restinga (SP), Alberico cresceu numa fazenda próxima a Sales Oliveira, onde o pai era ajudante. Começou trabalhando na roça. Como desejava ser carteiro, um dia escreveu para um deputado pedindo para ser nomeado para o cargo. A resposta, via telegrama, confirmava que conseguira o serviço em Cândido Mota (SP). Trabalhou na função de 1960 a 1991. Passou por São José do Rio Preto, Monte Alto e Taquaritinga. Chefiou agências e incentivou a abertura de postos no interior.

Em 1964, pós-golpe militar, passou por apuros como carteiro. Costumava receber um pacote, sem destinatário, com as publicações do Partido Comunista. Abria e deixava exposto para os militantes pegarem. Até o dia em que foi levado para a delegacia. Queriam o nome de cada um dos comunistas de Cândido Mota. Apesar das ameaças, não falou nada, diz o filho Antônio, que também foi carteiro.

Em Taquaritinga, onde recebeu o título de cidadão por seu empenho em organizar o serviço dos Correios, montou um clube de filatelia e uma grande exposição de selos.

Teve quatro filhos e dois netos. Morreu em 19 de janeiro, aos 81 anos, de falência de órgãos, mas foi enterrado no dia seguinte. Dia de São Sebastião.

29.1.2012

ABRAHAM KASINSKI

Empresário fundador da Cofap e da Kasinski

Filho de imigrantes russos, Abraham Kasinski nasceu em Buenos Aires e veio ainda bebê para São Paulo. Sua vida empresarial começou na loja de autopeças do pai. No início dos anos 1950, fundou a Cofap, voltada para o mercado de reposição automotiva.

No início, teve dificuldades para emplacar a marca. Os automóveis que circulavam no Brasil eram importados, e as oficinas tinham receio em trabalhar com peças nacionais. Vencida a barreira, a Cofap se tornou a maior empresa do setor no país. "Ele foi um visionário, pois anteviu o início da produção de automóveis no Brasil", diz Maria Lúcia Doretto, autora do livro *Kasinski, um gênio movido a paixão.*

No início da década de 1990, o empresário trouxe os amortecedores para as rodas de conversa com o comercial do Turbogás Cofap, estrelado por um simpático cãozinho.

Em 1997, Kasinski vendeu sua participação na Cofap por 25 milhões de dólares. Depois, surpreendeu o mercado ao anunciar seu novo empreendimento: uma linha de montagem de motocicletas e triciclos.

Nascia, em 1999, no Polo Industrial de Manaus, a Kasinski Fabricante de Veículos. Aos 82 anos, o empresário entrava no segmento das motos de baixo custo, com mecânica da sul-coreana Hyosung.

Em julho de 2009, a empresa teve 100% do seu capital adquirido pela CR Zongshen, braço nacional da chinesa Zongshen Industrial, e Kasinski encerrou sua carreira de empresário.

Ele morreu em 9 de fevereiro, aos 94 anos, após sofrer um infarto.

10.2.2012

ZULMIRA PESQUEIRA MENDONÇA

Uma positiva professora de francês

A professora Zulmira Pesqueira Mendonça considerava que os pais, apesar da origem simples, tiveram a sensibilidade de perceber que ela gostava de estudar e, por isso, investiram no que ela queria.

Paulistana, era filha de imigrantes portugueses que tiveram um supermercado. Zulmira estudou no colégio Rio Branco antes de entrar no curso de letras da USP (Universidade de São Paulo). Formou-se em 1956, junto com o marido, Antônio. Ela se tornou professora de francês; ele, de latim e grego.

Terminados os estudos, foram dar aulas na rede estadual. Ela escolheu lecionar em Lucélia (SP), onde morava a mãe de Antônio. Ele ficou na capital, onde vivia a mãe de Zulmira. Nesse período, cada um morou com sua respectiva sogra.

Passaram por Marília e Pompeia, no interior. Também moraram na França, onde Antônio deu aulas de português. Nos últimos quarenta anos, viveram na Vila Madalena, na capital.

Aposentou-se como funcionária pública em 1984, mas continuou ativa. Foi professora dos colégios Santa Cruz, Bandeirantes e Santo Inácio. Dizia que lecionar (palavra que gostava de usar) era uma forma de continuar jovem.

Adorava viajar, especialmente para Aix-en-Provence (França), onde morou.

Há nove anos, teve um câncer de mama. Reunia-se com um grupo de amigas mastectomizadas (que tiveram de remover a mama) toda semana. Ensinava francês a elas. Positiva e generosa, gostava de costurar, lembra a família.

Morreu no dia 7 de fevereiro, aos 77 anos, em decorrência do câncer. Teve três filhos e quatro netos.

12.2.2012

MANOEL CARLOS JÚNIOR

Jornalista apaixonado por teatro

Filho de um dos dramaturgos mais conhecidos do país, Manoel Carlos Júnior foi o primogênito do autor da novela *Mulheres apaixonadas* e conciliou arte e jornalismo em sua vida.

Descrito por amigos e colegas de trabalho como um apaixonado por teatro, fez de sua empresa, Quatro Elementos Comunicação & Marketing Cultural, referência na assessoria de imprensa de espetáculos em São Paulo.

O ator e comediante Marcelo Médici lembra de Maneco, como era conhecido, como um "homem de teatro inteligentíssimo": "Fernanda Montenegro me contou que lembrava dele pequeno, brincando na casa do pai", disse. "Ele ficou muito emocionado quando soube disso. Ele tinha senso de humor e inteligência, traços raros de se encontrar juntos."

Outra amiga, a jornalista e ex-colega de trabalho Paula Anselmo, referia-se a Maneco como "Garoto de Ipanema, porque estava sempre caminhando de camiseta e moletom pelo bairro, esbanjando saúde".

Maneco cuidava da assessoria da peça *Adultérios*, com Fábio Assunção no elenco. A apresentação de 12 de fevereiro, quando o jornalista morreu, foi cancelada em sua homenagem.

Aos 59 anos, teve um ataque cardíaco em casa. Chegou a ser atendido por paramédicos e levado ao Hospital Samaritano, mas não resistiu. Seu corpo foi enterrado no próprio dia 12.

Maneco é o segundo filho que Manoel Carlos perde. Em 1988, Ricardo, então com 33 anos, morreu de Aids. Maneco deixou mulher e três filhos, dois deles do primeiro casamento.

13.2.2012

NEREIDE ALVES DE BARROS

Desfilou fantasiada de coração

Não fosse por um tombo, a noite de 19 de fevereiro, um domingo, teria sido perfeita para dona Nereide. Foi a sua estreia no Carnaval paulistano, como integrante da Mocidade Amazonense, bloco da mesma Ponte Rasa onde ela se criou.

O convite viera das amigas do grupo de terceira idade do bairro. Como adorava dançar, topou. A fantasia, em vermelho forte, cobria o peito e tinha formato de coração. O tropeço foi decorrente de um mal-estar que sentiu pouco antes do desfile, no bairro da Luz. Mesmo assim, Nereide foi a que mais "pulou", disseram à família as amigas dela.

Já em casa, dona Nereide acordou de madrugada com dor no braço esquerdo, no ombro e nas costas. Pensou que pudesse ser um reflexo do tombo e foi a um ambulatório municipal. Como o raio X não detectasse fratura, o médico lhe receitou anti-inflamatório e a liberou (a prefeitura disse que ela recebeu "o atendimento para o quadro relatado").

Veio a terça, 21 de fevereiro, e Nereide foi ver a família. Tratou, entre outros temas, de um dinheiro que receberia do INSS. Ela queria dividi-lo entre os três filhos – Marli, Sueli e Lúcio. Mas o que mais a empolgava era a iminência de ganhar o quinto neto. Neta, na verdade: Stella. Lúcio, o caçula, se tornaria pai pela primeira vez. "Acho que era a despedida dela", disse o genro Luis. Estava feliz, disse ele, como fora a vida toda, desde os tempos em que ganhou fama como cabeleireira na Ponte Rasa (o salão era em casa).

À noite, tornou a sentir o mal-estar. Perdeu a consciência abraçada a Manoel, namorado que conhecera num baile (e que tinha o mesmo nome do marido de quem ficara viúva). Morreu aos 71 anos, de infarto.

23.2.2012

JANDIRA AUGUSTA VENÍCIO

A cacique guarani "mãe de todos"

"Minha geração só se considera guarani por causa dela", diz a professora Poty Poran, de 34 anos, sobre a avó, a cacique Jandira Augusta Venício.

Kerexu – seu nome indígena, que significa "mãe de todos" em guarani – comandava a aldeia fundada por ela e o marido na década de 1960: a Tekoá Ytu, no Jaraguá, zona norte da capital paulista, distante 22 quilômetros da praça da Sé.

Natural de Itanhaém, Jandira viveu em sua aldeia, Rio Branco, até os doze anos. No litoral, conheceu Joaquim Augusto Martim, índio que fora criado por uma família de alemães protestantes. Casaram-se e vieram para São Paulo.

Por um tempo, moraram em Cidade Dutra, na zona sul, até que foram convidados a ocupar uma área no Jaraguá. Joaquim, cacique da aldeia, trabalhava como jardineiro. Por causa de sua criação, tornou-se evangélico. Quando ele morreu, nos anos 1990, Jandira construiu uma casa de rezas (*opy*) e proibiu a entrada dos evangélicos na Tekoá Ytu.

Para preservar as tradições, falava guarani (além do português) e sempre levou os filhos para conhecer os rituais em outras aldeias. Descrita como um mulher de personalidade forte, lutou para que a aldeia ganhasse uma escola (onde a neta leciona) e um posto de saúde. Segundo os familiares, o lugar, onde vivem 150 pessoas, ainda sofre com falta de saneamento básico.

Jandira dava muitas entrevistas, mas reclamava dos que pegavam suas informações e nunca mais voltavam.

Morreu no dia 3 de março, aos 78 anos, após uma infecção pulmonar. Teve treze filhos (oito estão vivos). O enterro foi no cemitério da aldeia Krukutu, em São Paulo.

7.3.2012

ERNANI PIRES FERREIRA

Falava 352 palavras por minuto

Principal voz do turfe nacional, Ernani Pires Ferreira, de 77 anos, foi por mais de quarenta anos o locutor oficial do Jockey Club do Rio de Janeiro, na Gávea, zona sul da capital. Por todo esse período, narrou o Grande Prêmio Brasil, prova mais importante do esporte no país.

O bordão "foi dada a partida" ficou conhecido entre os amantes de corridas de cavalos. Ferreira narrou mais de 71 mil páreos.

Nascido em 1º de novembro de 1934, o pernambucano chegou ao Rio ainda menino e passou a frequentar o Jockey levado pelo pai. Seu sonho era disputar os páreos, mas a família não queria que se tornasse jóquei. Investiu então na carreira de locutor, passando a integrar a equipe da rádio Jornal do Brasil. Narrou o primeiro GP Brasil aos 33 anos, em 1967. "Foi uma emoção especial. O GP Brasil é o desafio maior para um locutor", disse certa vez. Nos anos 1970, passou a disputar provas como jóquei amador. Disputou catorze provas.

Em 17 de julho de 1983, entrou para o *Guinness Book: o livro dos recordes*, ao conseguir falar 352 palavras em um minuto. "Nem eu mesmo acreditei quando veio o resultado", orgulhava-se. Na década de 1980, apresentava um quadro aos sábados, no *Globo esporte*, da TV Globo, em que dava dicas bem-humoradas de apostas para as corridas. Em 2008, deixou de ser o locutor oficial do Jockey Club, passando a titularidade a Luiz Urubatan Carlos.

Ferreira casou-se três vezes e teve cinco filhos. Morreu na madrugada de 17 de março, após sofrer uma parada cardiorrespiratória. Com edema pulmonar, ele estava internado havia dois dias no Hospital Espanhol, no centro do Rio.

19.3.2012

PIER LUIGI GRANDI

Piero, o precursor das cantinas italianas

Nascido em Gênova e criado na Toscana, Pier Luigi Grandi chegou ao Brasil nos anos 1950, em um navio cargueiro.

Depois de tirar *espressos* num café da avenida São João, foi trabalhar no salão do clássico Giovanni Bruno como garçom. De lá, foi um pulo até abrir o primeiro negócio, a cantina do Piero, apelido pelo qual era conhecido.

Ao longo dos anos, abriu onze restaurantes e ficou conhecido como o grande precursor das cantinas italianas.

Na década de 1980, guardava todos os pedidos dos clientes de cabeça. Nunca cuidou pessoalmente da cozinha. Com o seu português "italianado", esbravejava, sempre de bom humor, e recebia todos os fregueses na porta.

Fazia graça na hora de dar nome aos novos pratos. O raviolone recheado de marisco, camarão e lula foi batizado de "macalu", as primeiras sílabas dos três frutos do mar, conta o filho Tullio, de 51 anos.

Comia sempre em um de seus restaurantes. Gostava de tudo, mas tinha predileção pelo espaguete à carbonara, preparado apenas com gema de ovo, pimenta-do-reino e *pancetta,* e pela famosa bisteca à fiorentina, grelhada com batatas, brócolis e alho.

Aposentado desde 1995, passou o comando dos negócios aos filhos gêmeos, que mantiveram as receitas antigas – como a do rocambole à moda, uma massa verde recheada de muçarela e presunto ao molho *rosé* e bacon, gratinado com queijo Catupiry, uma das primeiras a entrar no cardápio do restaurante.

A cantina da rua Haddock Lobo é a única que permanece sob comando da família, daí o *il vero* do nome – "o verdadeiro", em italiano.

Morreu no dia 2 de abril, aos 78 anos, de traumatismo craniano decorrente de uma queda.

19.4.2012

ANTENOR DE LARA CAMPOS FILHO

Pichou "CÃO FILA K26" pelo país

"CÃO FILA K26" era uma enigmática e onipresente frase escrita em muros, placas e barrancos de todo o país durante os anos 1960 e 1970. O autor da pichação chamava-se Antenor de Lara Campos Filho.

Tozinho, como o conheciam, foi filho de um grande exportador de café. Nos últimos sessenta anos de vida, viveu confortavelmente numa ilha que herdara da mãe, na represa Billings, em São Paulo. Lá, criou seus cães da raça fila.

Para promover o negócio, saía numa caminhonete carregada de tintas. Até em Manaus deixou sua marca. O "K26" referia-se ao quilômetro 26, onde morava, na estrada do Alvarenga. Durante a ditadura, chegaram a achar que a inscrição era uma mensagem política. Foi a uma rádio negar, em entrevista, e aproveitou para declarar seu apoio ao regime.

Nunca foi preso e até ganhou um prêmio internacional de propaganda por ter desenvolvido uma nova mídia. Montou a Associação de Criadores de Fila Brasileiro. Brincava que queria tornar a raça tão popular no Brasil quanto a banana.

O excêntrico pioneiro da pichação no país foi também campeão de halterofilismo, motonáutica e esqui aquático, além de baterista, pistonista e ecologista, como conta a família.

O sobrinho Nelson lembra que o tio usava dois palavrões a cada três palavras que dizia. Às vezes era até rude, mas muito leal aos amigos.

Era solteiro e não teve filhos, embora fosse mulherengo. Tinha quinze cães fila – mas chegou a ter duzentos.

Morreu no dia 29 de abril, aos 87 anos, de falência de órgãos.

5.5.2012

CLÁUDIO DE SOUZA

O sétimo funcionário da editora Abril

Huey, Dewey e Louie, os três sobrinhos do pato Donald, só ficaram conhecidos no Brasil como Huguinho, Zezinho e Luisinho porque assim Cláudio de Souza os chamou. O paulistano fez parte da equipe da editora Abril que lançou a revista *O Pato Donald* no país, em 1950.

Filho de um imigrante português dono de uma torrefação de café na capital paulista, Cláudio fez direito na USP (Universidade de São Paulo). Em 1951, antes de se formar, começou como assistente pessoal do empresário Victor Civita (1907-1990), que acabara de fundar sua editora.

No começo, tinha mais dois empregos: na rádio Gazeta, como locutor, e numa pequena editora.

Tornou-se o funcionário de número sete da Abril, na qual ficaria por 25 anos em cargos de administração, como contam os familiares. Chegou a ser um dos vice-presidentes, comandou, entre outros, o departamento de publicações infantojuvenis e fundou a revista *Placar*, cujo nome foi ideia sua. Era apaixonado pelo São Paulo Futebol Clube, do qual foi um dos sócios fundadores.

Por ter começado muito jovem na empresa que ajudou a erguer, sentia-se um pouco como se fosse um filho de Victor Civita, de acordo com a família. Suas histórias estão no livro *O homem Abril: Cláudio de Souza e a história da maior editora brasileira de revistas*, de Gonçalo Júnior.

Ainda trabalhou para a BBC, em Londres, e teve a própria editora, a London Press.

Era um homem reservado, formal, educado e *workaholic*. Adorava literatura policial.

Viúvo desde 2006, morreu em 7 de junho, aos 84 anos, em decorrência de um câncer. Teve quatro filhos, nove netos e uma bisneta.

12.6.2012

LUIZ CAMARGO WOLFMANN

Luizão, o “chefão” do Carandiru

Nas prisões paulistas, o árduo convívio do dia a dia entre detentos e funcionários cria algumas formas de tratamento. Luiz Camargo Wolfmann sempre foi “chefão” ou “mestrão”. Tudo no maior respeito. Para os amigos, porém, era Luizão.

Nascido em 28 de agosto de 1931, em Assunção, no Paraguai, Wolfmann foi uma lenda no maior sistema prisional do Brasil, o de São Paulo, com seus 188,5 mil presos.

Entre 1980 e 1986, foi diretor da Casa de Detenção de São Paulo, no Carandiru. Eram tempos de superlotação e, para controlar a cadeia, que chegou a ter 8 mil homens, Wolfmann ia trocar socos com os presos. Usava o boxe para se aproximar dos detentos e, em alguns casos, saber tudo o que se passava na prisão.

“Era um homem que tratava todos com o maior respeito, sempre olho no olho. Ele foi e será uma referência”, conta Lourival Gomes, secretário da Administração Penitenciária da gestão de Geraldo Alckmin (PSDB) no governo do estado paulista.

A escola que forma agentes para as prisões de São Paulo leva, desde 2006, o nome de Wolfmann. Vítima de insuficiência cardíaca, Luizão morreu em 14 de junho, aos oitenta anos, na casa onde vivia, no Jardim Tremembé (zona norte da capital paulista). Estava com a companheira com quem viveu os últimos 32 anos, Auta Aparecida Wolfmann, de 59 anos. Até o último dia de vida, ocupou o cargo de diretor de produção da Funap (Fundação de Amparo ao Preso). Luizão deixou seis filhos (quatro homens e duas mulheres), todos do primeiro casamento.

15.6.2012

ARNALDO LOPES SÜSSEKIND

O último remanescente dos criadores da CLT

Arnaldo Lopes Süssekind tinha apenas 24 anos quando foi convidado para participar da comissão que criou a CLT (Consolidação das Leis do Trabalho), promulgada por Getúlio Vargas em 1943.

Sua competência como advogado trabalhista havia chamado a atenção dois anos antes, quando lançara seu primeiro livro, *Manual da Justiça do Trabalho*.

Ao longo dos anos, Süssekind tornou-se uma das maiores autoridades em direito do trabalho no país. Foi ministro do Trabalho e Previdência Social no governo Castello Branco, de abril de 1964 a dezembro de 1965, época em que as duas áreas estavam unificadas numa só pasta. Também foi ministro da Agricultura, em 1964, no governo de transição entre a renúncia de Jânio Quadros e a posse de João Goulart.

Ministro do Tribunal Superior do Trabalho (TST) entre 1965 e 1971, o jurista foi homenageado pelo tribunal em 2010. Em seu discurso na ocasião do falecimento de Süssekind, o então presidente do TST, João Oreste Dalazen, lembrou que, enquanto o advogado esteve à frente do Ministério do Trabalho, defendeu o instituto da estabilidade no emprego, substituído pelo FGTS (Fundo de Garantia por Tempo de Serviço) após sua saída.

Até seus últimos dias, atuou como consultor jurídico da Vale e como conselheiro da Santa Casa da Misericórdia do Rio de Janeiro.

Süssekind morreu em 9 de julho, dia em que fez 95 anos, em consequência de uma insuficiência respiratória, seguida de parada cardíaca. Estava internado no Hospital Samaritano, em Botafogo, no Rio.

10.7.2012

ANTÔNIA PEREIRA BRAGA

Centenária quilombola de Mesquita

De acordo com os familiares, Antônia Pereira Braga fez 112 anos no último 2 de maio. Ou seja, quando nasceu, no quilombo de Mesquita, localizado no município de Cidade Ocidental (GO), a Lei Áurea, que aboliu a escravidão no Brasil, estava prestes a completar doze anos.

Seus pais foram escravos e, como ela contava, ajudaram na construção de Luziânia (GO), cidade próxima de sua cidade natal, e de uma igreja de lá, a do Rosário.

Dona Antônia, como ficou conhecida, era a moradora mais antiga do quilombo. Viveu em casa de taipa, depois mudou-se para uma feita de adobe. Trabalhou com agricultura, atividade que garante a sobrevivência de Mesquita.

Foi casada, mas não teve filhos. O marido morreu há mais de quarenta anos. Nos últimos tempos, recebia os cuidados de uma sobrinha, Vicentina.

Tinha um grande sonho: conhecer pessoalmente seu maior ídolo, Luiz Inácio Lula da Silva, "o melhor presidente que os pobres já tiveram", como ela gostava de dizer.

Sonho que conseguiu realizar, segundo membros da comunidade. Nos últimos dias de mandato do petista, Antônia foi recebida em Brasília – o quilombo fica a cerca de cinquenta quilômetros da capital federal. Ao ser questionada por Lula sobre qual seria a receita para chegar àquela idade com tanta lucidez, respondeu: "Não ter ódio no coração".

Era muito católica e frequentava a igreja de Nossa Senhora da Abadia.

Morreu no dia 16 de julho, em decorrência de uma insuficiência respiratória. O enterro foi realizado no cemitério do quilombo.

19.7.2012

ESMERALDA MANSUR DE CARVALHO GUANAES GOMES

Engenheira à frente de seu tempo

Desde muito jovem, a baiana Esmeralda Mansur de Carvalho Guanaes Gomes chamava a atenção por sua elegância, mas também por sua solidariedade e coragem.

Em 1948, ainda no colégio, ingressou no PCB (Partido Comunista Brasileiro), influenciada pelo pai, Demócrito, que militou com ela no partido. As posições políticas a acompanharam na faculdade de engenharia, que concluiu em 1957, quando se tornou uma das primeiras mulheres a exercer a profissão na Bahia. Visionária, era considerada uma mulher "à frente de seu tempo", conta a família.

Mais tarde, especializou-se em administração pela Fundação Getulio Vargas do Rio e em economia pela Universidade de Londres.

Por trinta anos, foi funcionária do Ministério da Fazenda, trabalho que lhe rendeu honrarias e condecorações.

De família humilde, casou-se com o médico Sócrates, em 1957, com o vestido de noiva de uma prima, afirma o filho Nizan Guanaes, publicitário e colunista da *Folha de S.Paulo*.

Ao lado do marido, fundou o Instituto Cardiopulmonar da Bahia. Após a morte dele, em 1979, assumiu todas as atividades da família. Mesmo assim, não descuidava das atividades maternas. "Quando criança, ela cantava para eu dormir", lembra Nizan. Esmeralda teve mais três filhos: Joaquim (engenheiro), André (médico) e Joca (também publicitário).

Contra o consumismo, costumava aconselhar todos a não beber nem comer demais.

Aos setenta anos, foi diagnosticada com mal de Alzheimer. Morreu no dia 16 de agosto, aos 81 anos. Deixou cinco netos.

22.8.2012

JOSÉ CARLOS DOS SANTOS

Ruço, autor do gol na invasão do Maracanã

No gramado encharcado do Maracanã, com sua cabeleira avermelhada, Ruço, o volante que não deixou Rivellino jogar e ainda marcou um gol histórico, tornava-se símbolo imortal do Corinthians.

José Carlos dos Santos, o Ruço (com "ç" mesmo, pois só é russo quem nasce na Rússia, explica a mulher, Rita dos Santos), não era o craque do time, mas vestia a camisa 10.

Na tarde de 5 de dezembro de 1976, semifinal do Campeonato Brasileiro, 70 mil corintianos invadiram o Maracanã para jogar com o Fluminense. Tempos difíceis, de duas décadas sem conquistas. Aos dez minutos do primeiro tempo, Ruço levou um cartão amarelo por "entrada com virilidade" em Rivellino. O time carioca abriu o placar, mas Ruço empatou com uma meia bicicleta, um golaço.

A decisão foi para os pênaltis. O camisa 10 marcou o dele, o Corinthians eliminou o Fluminense, mas no domingo seguinte a empolgação corintiana não conseguiu bater o Internacional de Falcão.

O jejum continuou até o ano seguinte. Ruço participou do título histórico: campeão Paulista de 1977, ele era o volante do time do Basílio, Zé Maria, Geraldão e Romeu.

Ruço estreara pelo Corinthians dois anos antes. Fez, ao todo, duzentos jogos. Carioca, começou no Madureira; quando se mudou, com a mulher, para São Paulo, foi morar no Tatuapé, bem perto do Corinthians.

Era duro em campo, mas jogava beijos à torcida a cada gol – pelo Corinthians, fez 22. Parou de jogar nos anos 1980 e abriu um bar com os amigos no Irajá, no Rio de Janeiro, onde voltara a viver em 1981.

Morreu em 1º de setembro, aniversário do Corinthians, vítima de um AVC (acidente vascular cerebral), aos 63 anos.

4.9.2012

KAZUMI OGAWA

Sobreviveu à bomba de Nagasaki

Todos os dias, o japonês Kazumi Ogawa pegava a balsa que ligava a zona rural de Nagasaki, onde morava, ao centro da cidade para trabalhar em uma fábrica que produzia armamentos para a Segunda Guerra Mundial.

No dia 9 de agosto de 1945, então com dezesseis anos, ele se atrasou e perdeu a travessia. Foi esse atraso que salvou sua vida. Naquela manhã, a segunda bomba atômica lançada pelos Estados Unidos atingiu a cidade. Calcula-se que cerca de 70 mil pessoas morreram na hora.

Após passar um período estudando em Tóquio, voltou à terra natal em 1961, quando seu pai morreu, mas já não se sentia em casa. Recém-casado, mudou-se com a mulher, Marikio, para o Brasil. "Ele falava que tinha vindo passar a lua de mel aqui, mas gostou tanto que resolveu ficar", conta seu sobrinho, Naoki Ogawa.

Nos primeiros três anos, Kazumi morou em Santa Maria, no interior gaúcho. Em 1964, por meio de um convênio entre o governo japonês e o de Santa Catarina, foi viver na zona rural de Curitibanos. Foi nessa área, que hoje pertence à cidade de Frei Rogério, que ele fundou a Colônia Japonesa Celso Ramos.

Em 2002, criou no município um monumento chamado Sino da Paz, que recebe turistas de todo o mundo. "Por ter sobrevivido àquela tragédia, ele se sentia na obrigação de fazer algo para homenagear todas as vítimas das bombas nucleares e suas famílias", conta Naoki.

Kazumi morreu em 4 de setembro, enquanto dormia, aos 83 anos. Deixou a mulher, três filhos e quatro netos.

11.9.2012

TOSHIRO ONO

O saci-pererê japonês e a bossa nova

Em 1999, Toshiro Ono teve de lutar contra o sono no longo funeral de um amigo, entoado por tediosos mantras budistas. "Quando eu morrer, se no meu funeral todos estiverem olhando para os seus relógios, pensando 'só quero ir pra casa', vou ficar aborrecido", disse, na época. "O canto é chato. E o motivo é que não tem ritmo."

Foi ali que teve a ideia de seu primeiro e único CD: seis monges cantando sob o compasso de quatro sambistas.

A gravação se deu no Saci-Pererê, restaurante/casa de shows aberto por ele há quarenta anos. No local, milhares de japoneses conheceram a música brasileira; a empatia foi tão grande que hoje é muito natural ouvir bossa nova por lá.

Filho de um general, nasceu em Taiwan, na ocupação japonesa. Aos quinze anos, seu pai o enviou a um monastério em Pyongyang, na atual Coreia do Norte. Acordava de madrugada para tomar banho de balde sob um frio de até -30° C.

Após a guerra, trabalhou de intérprete para militares americanos até emigrar para São Paulo, no fim dos anos 1950. Abriu uma casa de espetáculos e foi empresário do violonista Baden Powell, que anos depois daria canja no Saci.

Voltou para o Japão em 1972. Além da música, levou uma brasileirinha de dez anos, a filha Lisa Ono, que se tornaria a cantora de bossa nova mais popular da Ásia – gravou até com Jobim.

Morreu na penúltima semana de outubro, aos 88 anos, em Tóquio, quando tentava se recuperar de uma parada cardíaca. Deixou três filhas. No funeral, cantou-se "Fita amarela", de Noel Rosa: "Se existe alma/se há outra encarnação/eu queria que a mulata sapateasse no meu caixão".

31.10.2012

CARLOS ALBERTO DA SILVA

O rei Roberto Carlos, só que não

Acontecia de o gaúcho Carlos Alberto da Silva cantar uma música e ninguém prestar atenção. Agora, quando mandava um sucesso do rei, o público parava para escutá-lo, tamanha a semelhança não só vocal como física com Roberto Carlos. Em 1997, os amigos finalmente o convenceram a ser um *cover* do cantor.

Natural de Canoas (RS), filho de um padeiro e de uma dona de casa, começou a se apresentar aos sete anos em programas de calouros de Porto Alegre. Aos nove, abandonou temporariamente a carreira mirim por causa da escola.

Retornou à música aos quinze anos, quando o pai lhe deu uma bateria. Formou grupos e, durante décadas, cantou de tudo um pouco em seus shows, até se tornar fiel ao cantor que tanto admirava.

Nesse meio-tempo, chegou a trabalhar como gerente de loja de calçados, mas conseguiu manter a carreira artística. Ganhou prêmios como o melhor imitador de Roberto Carlos. Em 2004, apareceu pela primeira vez no *Domingão do Faustão*, da TV Globo – a segunda foi em 2008. Em 2006, esteve no *Caldeirão do Huck*.

Fazia, em média, quinze shows por mês, número que quase dobrava no fim do ano.

Nos últimos meses de 2012, porém, deu um tempo para concorrer a vereador em Canoas, pelo PC do B (Partido Comunista do Brasil), também por insistência de amigos. Mas só 56 eleitores se animaram a votar nele.

Chegou a conhecer a banda de Roberto Carlos, mas não o ídolo. Era seu maior desejo, como conta a mulher, Cleusa, que descreve o marido como sonhador. Estava preparando uma filha para ser cantora.

Morreu no dia 21 de novembro, aos 59 anos, após sofrer um infarto. Teve seis filhos e dois netos.

28.11.2012

HUMBERTO BRAGA

Advogado que escreveu o próprio obituário

Há cerca de dois anos, Humberto Braga, que era escritor, fez um pequeno resumo de sua trajetória profissional. Seu desejo, que confidenciou a Walter Fontoura, ex-diretor do jornal *O Globo*, era que suas linhas fossem publicadas quando morresse.

Usando 473 palavras, contou que lecionou história do pensamento econômico na UERJ (Universidade Estadual do Rio de Janeiro), foi da Academia Carioca de Letras e escreveu *Oriente é vermelho* e *Juízo e circunstância*. Não citou no texto, mas publicou mais três livros.

Natural de Salvador, mudou-se aos dezessete anos para o Rio de Janeiro, onde se formou em medicina. Psiquiatra, atuava na área quando começou a estudar direito. A filha Ana Cristina diz que Humberto fez o curso para alegrar o pai, Leopoldo, "jurista que publicou 81 obras". O que mudou radicalmente sua vida, como conta a família, foi ter conhecido, na praia, Negrão de Lima, que foi ministro, governador da Guanabara e prefeito do Distrito Federal (na época, o Rio de Janeiro). O político levou-o para trabalhar, e Humberto abandonou a medicina.

Em seu texto, destaca que foi secretário de estado de Planejamento, Finanças e Serviços Sociais e conselheiro, até 1997, do Tribunal de Contas, cujo espaço cultural leva seu nome desde 2006.

Em 1973, opôs-se a uma lei estadual que "criava novo caso de dispensa de licitação" e, em 1996, posicionou-se contra a privatização do Banerj (Banco do Estado do Rio de Janeiro). Em 1998, recebeu a Ordem do Rio Branco, como escreveu em seu obituário publicado no dia 8 de dezembro, em *O Globo*.

Morreu em 7 de dezembro, aos 85 anos, de insuficiência renal e hepática, segundo a família. Deixou viúva, duas filhas, três netos e bisneto.

11.12.2012

ORESTES GOLANOVSKI

O+, doou sangue 187 vezes

No fim dos anos 1960, uma grávida de Canoinhas (SC) teve uma hemorragia. Orestes Golanovski, que costumava doar sangue, foi chamado ao hospital. Precisaram, porém, de mais sangue, e ele saiu em busca de outros doadores. Quando conseguiu alguém, a pessoa quis cobrar. Revoltado, Orestes, O+, doou outra vez. A grávida teve o filho, mas morreu logo depois. Ali, jurou que nunca mais um paciente morreria na cidade por falta de sangue.

Suas primeiras doações começaram no período em que fazia o serviço militar no Rio de Janeiro. Quando voltava para Canoinhas e via que precisavam de sangue, ia para o hospital. Sem banco de sangue, esperava as cirurgias serem feitas.

Orestes trabalhou como soldador mecânico e teve fábrica de móveis, loja de confecções e mercado. Aposentou-se em 2002, com comércio de frutas e legumes.

Em 1991, fundou a Adosarec (Associação dos Doadores de Sangue da Região de Canoinhas), que transportou mais de 20 mil doadores para outras cidades – Orestes chegou a levar dois ônibus a São Paulo, como conta o filho Silmar, no projeto que batizou de "Turismo do sangue". Nessas viagens, fazia panfletagens.

Ao completar a idade limite de 65 anos, teve de se afastar das agulhas – havia doado cerca de noventa litros de sangue em 187 idas ao hospital. Em evento de uma federação internacional de doadores, foi considerado o maior do mundo. Chegou a se eleger vereador em Canoinhas, pelo PMDB (Partido do Movimento Democrático Brasileiro), após cinco tentativas.

Morreu em 14 de dezembro, aos 73 anos, em decorrência de um câncer de pulmão. Teve três filhos, sete netos e uma bisneta.

23.12.2012

ZULEIKA ALAMBERT

A primeira deputada estadual de Santos

O despertar para a política se deu aos 20 anos. Aos 25, Zuleika Alambert já assumia na Assembleia Legislativa de São Paulo uma cadeira. Em 1947, tornou-se a primeira mulher deputada estadual por Santos.

Seu mandato, no entanto, não durou muito. Em 1948, a jovem santista formada em ciências contábeis foi cassada. Seu partido, o PCB (Partido Comunista Brasileiro), fora colocado na ilegalidade.

Filha de uma dona de casa e de um oficial de Justiça, havia começado a militância durante a Segunda Guerra, ajudando a organizar uma greve no porto para impedir a entrada de produtos da Espanha franquista. Fazia oposição também ao Estado Novo.

Elegeu-se para a assembleia como primeira suplente e acabou assumindo o mandato. Apresentou projetos para a criação do abono de Natal e pela igualdade de salários entre os sexos. Também se envolveu com o Centro Popular de Cultura, da UNE, e defendeu campanhas pelo monopólio estatal do petróleo e pelas Reformas de Base.

Nos anos 1970, exilou-se, mas manteve sua luta em defesa das mulheres. Voltou em 1979, com a Anistia. Foi secretária de estado de Negócios Metropolitanos de São Paulo, presidiu o Conselho Estadual da Condição Feminina e coordenou a Comissão de Educação, Cultura e Meio Ambiente. Lançou *A situação e organização da mulher*, entre outros.

Foi casada com Armênio Guedes, dirigente comunista, e com Virgílio Isoldi, engenheiro. Depois que ficou viúva, decidiu ir viver no Rio de Janeiro.

Vinha lutando contra uma anemia crônica. Morreu no dia 27 de dezembro, aos noventa anos, de falência de órgãos. Não teve filhos.

1º.1.2013

UBIRATAN CASTRO DE ARAÚJO

Bira Gordo, professor e historiador

Mesmo a mais séria das reuniões ficava prazerosa com Ubiratan Castro de Araújo e seu bom humor, como lembram seus colegas de Fundação Pedro Calmon, que ele dirigia em Salvador desde 2007.

Soteropolitano, Bira Gordo (fazia questão de ser chamado assim) formou-se em direito e em história. Na juventude, foi militante comunista e integrou o grupo de esquerda MR-8. Também atuou como advogado na ditadura, defendendo presos políticos.

Acabou tendo de se exilar na França, onde fez mestrado e doutorado em história. Seus principais temas de estudo: a Bahia, o negro e a escravidão.

De volta ao Brasil, foi professor da Universidade Federal da Bahia e lá dirigiu o Centro de Estudos Afro-Orientais.

Licenciou-se do cargo de professor para ocupar, de 2003 a 2006, no período em que Gilberto Gil esteve à frente do Ministério da Cultura (MinC), a presidência da Fundação Cultural Palmares, vinculada ao MinC.

Dono da cadeira nº 33 da Academia de Letras da Bahia, escreveu livros de história e, recentemente, um de contos, *Histórias de negro*.

Era também irmão professo da Venerada Ordem do Rosário de Nossa Senhora dos Homens Pretos a Portas do Carmo, uma irmandade criada pelos negros que fica na Igreja do Rosário dos Pretos, no largo do Pelourinho.

Militante do PT, mesmo com a saúde debilitada por uma insuficiência renal, fez questão de atuar nas últimas campanhas.

Era casado com Maria da Glória, professora. Morreu no dia 3 de janeiro, aos 64 anos, em decorrência de uma infecção. Teve dois filhos e dois netos.

6.1.2013

MARCELO STELLA DE MELLO RIBEIRO

Um risonho piloto de helicóptero

Era Dia dos Pais, e o piloto de helicóptero Marcelo Stella de Mello Ribeiro iria trabalhar. Para não perder a data, convenceu seu pai, Luiz Carlos, a ir ver a Esquadrilha da Fumaça no Campo de Marte.

O evento não existia, como seu pai iria perceber. Era só uma desculpa. Naquele dia, Luiz Carlos ganhou do filho um passeio aéreo de meia hora. Foi a primeira vez que o engenheiro civil e sua mulher, Maria Cristina, voaram com o rapaz, que ainda serviu de guia, mostrando São Paulo do alto. Antes, o casal acompanhava o filho à distância.

Funcionário da Helimarte Táxi Aéreo havia três anos, Marcelo costumava ligar para os pais, que moram numa cobertura às margens do rio Pinheiros, quando passava por ali. E os pais corriam para a janela.

A vontade de voar vinha de criança, das brincadeiras com o irmão, Fernando (que morreu em 1996, aos catorze). Fechou-se após a perda, mas voltou a se soltar aos dezoito. Era muito ligado à família, de nove primos.

Decidiu ser piloto a partir de uma sugestão do pai. Formou-se numa escola de Ipeúna (SP).

Na Helimarte, pilotou o Vermelhinho Jovem Pan, usado pela rádio em suas coberturas, e sobrevoava linhas de alta tensão para inspeção.

Esportista, gostava de surfar e esquiar. É descrito como risonho e solícito. Para uma amiga de trabalho levava chocolates sempre que a achava tristonha. Estava feliz no que fazia, contam os pais.

Em 21 de janeiro, o helicóptero que pilotava caiu em São Paulo. Marcelo foi o único a morrer. Tinha 29 anos. Há relatos de que ele teria evitado um acidente maior.

27.1.2013

ALI BARAKAT ABBAS

Presidiu a primeira mesquita do Brasil

Toda sexta-feira, Ali Barakat Abbas, o tio Ali, podia ser encontrado no nº 5.282 da avenida do Estado, esperando na porta. Lá, desde 1952, funciona a Mesquita Brasil, a primeira a ser criada no país e que ele presidia desde 2007.

Recepcionava, um por um, todos os que chegavam ao local e só entrava às 12h30, para participar das orações.

Nascido em Khiara, no Líbano, filho de agricultores, Ali veio ao Brasil aos catorze anos, trazido por um irmão. Já tinha parentes em São Paulo.

Trabalhou como mascate até que, aos vinte anos, conseguiu montar uma loja de roupas em Guarulhos. Em 1963, um ano antes de se casar com Fátima, dona de casa, vendeu suas lojas e mudou de ramo. Em São Miguel Paulista, na zona leste de São Paulo, montou a Móveis Lar Moderno. O negócio durou até 2000, quando tio Ali se aposentou.

A filha Suhaila conta que o pai provavelmente a repreenderia por contar que ele ajudou a criar um orfanato no Tatuapé e um asilo de idosos em São Miguel Paulista. Seus trabalhos sociais nunca eram divulgados.

Ajudou a fundar a mesquita de São Miguel em 1978, que também presidiu, e acabou reeleito em 2009 para a presidência da Mesquita Brasil. Fez campanha para o sobrinho Adiel sucedê-lo no cargo.

Ia a todos os enterros no Cemitério Islâmico, em Guarulhos, que é ligado à mesquita, e melhorou as dependências do templo religioso.

Em 2012, a Câmara Municipal concedeu-lhe o título de cidadão paulistano.

Havia descoberto um câncer. Morreu no dia 21 de dezembro, aos setenta anos, em decorrência da doença. Teve seis filhos e seis netos.

30.1.2013

GERALDO GALVÃO FERRAZ

Jornalista, tradutor e pensador da cultura

Geraldo Galvão Ferraz era filho da militante comunista e escritora Patrícia Rehder Galvão, a Pagu, com o jornalista Geraldo Ferraz, dois representantes da movimentação política brasileira da primeira metade do século XX.

Kiko, como era conhecido, trabalhou em jornais como *O Estado de S. Paulo* e *Jornal da Tarde* e revistas como *Veja* e *IstoÉ*, exercendo várias funções, de repórter a editor. Recentemente, foi editor da revista *Cult*. Um de seus principais projetos foi lançar a revista *Grilo*, publicação que reunia os melhores autores de quadrinhos nacionais e internacionais na década de 1970.

Foi coordenador do site www.pagu.com.br e do Centro de Estudos Pagu Unisanta, que reúnem fotos e trabalhos deixados por sua mãe.

A paixão pela cultura o transformou em um crítico de cinema e literatura, assuntos que investigou e estudou até o fim de sua vida. Por seu trabalho no campo da crítica literária, ganhou dois prêmios Jabuti na categoria.

Era sagaz, gentil, educado e estava sempre animado. Apenas um texto mal escrito o deixava de mau humor.

Foi casado por trinta anos com Leda Rita Cintra, que o descreve como um intelectual respeitável e perspicaz.

Geraldo escolheu São Paulo, cidade onde nasceu em 1941, para ser cenário de seus estudos na área de cultura.

Morreu em 8 de fevereiro, devido a complicações decorrentes de diabetes e de uma infecção bacteriana. Divorciado, deixou dois filhos: Antônio Eduardo, de 21 anos, e Alexandre, de 24 anos.

11.2.2013

CARLOS ALEXANDRE AZEVEDO

Uma criança marcada pela ditadura

Carlos Alexandre Azevedo, o Cacá, era um jovem inteligente, como conta o pai, Dermi. Aficionado por informática, consertava os computadores de familiares e amigos. E sempre levou os trabalhos que teve muito a sério.

Mas o rapaz, colecionador de HQs, às vezes se isolava e só saía do quarto para se alimentar. Sofria de fobia social.

Médicos consultados pela família relacionavam seu quadro a um episódio da infância. Em janeiro de 1974, quando tinha um ano e oito meses, o garoto foi preso com os pais. Dermi, jornalista que trabalhou na *Folha de S.Paulo* de 1984 a 1990, conta que foi levado pela polícia ao deixar o extinto jornal *Última Hora*, também editado pelo Grupo Folha. Em casa, segundo relato do pai, o menino teve um dente quebrado. No Deops, levou choques e, de madrugada, foi levado à casa dos avós e jogado no chão. “A queda provocou lesões cerebrais das quais não mais se recuperou”, diz.

Dermi ficou seis meses preso, e sua mulher, Darcy, 45 dias. Era acusado de difamar a imagem do país no exterior por ter escrito um relatório sobre os livros de educação moral e cívica usados no Brasil. Segundo ele, dom Paulo Evaristo Arns chegou a denunciar o caso a órgãos internacionais.

Cacá era fechado e não escondia uma tristeza permanente. Em 1990, os pais se separaram, e ele ficou morando com a mãe e a irmã. Dermi se casou de novo e vive no Pará.

Para ele, que conta a história do filho no livro *Travessias torturadas*, Cacá foi “levado a se suicidar”. Morreu no sábado, aos quarenta anos, após ingerir remédios. Em e-mail de despedida a um amigo, dizia-se mal remunerado e isolado.

21.2.2013

JESSIE FREIRE GOMES DOS REIS

Médica que atendeu até os 92 anos

Uma tuberculose contraída durante a Revolução de 1932 matou o pai de Jessie Freire Gomes dos Reis quando ela sequer havia entrado na adolescência. Ao ficar adulta, decidiu ser médica para entender por que o pai tinha morrido.

Nascida em Guaratinguetá (SP), a filha de professores veio à capital estudar. Formou-se na Escola Paulista de Medicina em 1951, como conta o sobrinho Luiz César, arquiteto. Trabalhou por um tempo no Amparo Maternal e depois montou uma clínica de psiquiatria, especializada em atendimento infantil, que durou até julho de 2012. Chegou a ser professora-adjunta de neurologia da Escola Paulista e ajudou a inaugurar o serviço de reabilitação de epiléticos da Unifesp (Universidade Federal de São Paulo).

Participou ainda de um projeto da instituição no Parque Nacional do Xingu (MT). Segundo o sobrinho, ela guardava uma carta enviada pelo sertanista Orlando Villas Bôas.

Descrita como analítica, determinada e *workaholic*, trabalhou até uma semana antes de morrer. Atendia em casa um grupo fiel de pacientes.

Poucos dias atrás, pediu para conversar com o sobrinho, com quem morava. "Você percebeu que estou morrendo? Estou tranquila e quero que você também esteja." Luiz César disse a ela que iria ao Rio de Janeiro no fim de semana e brincou, perguntando se a tia poderia esperá-lo. Ela nada lhe respondeu.

Na madrugada de 2 de março, morreu dormindo, aos 92 anos, de insuficiência cardíaca. O sobrinho teve de voltar do Rio. Ele conta que a tia, que era solteira, morreu como quis.

8.3.2013

JOÃO BAPTISTA ALTHEMAN BUENO

Músico que gravou com Tom Zé

Por volta dos catorze anos, João Baptista Altheman Bueno ganhou uma guitarra. Aos dezenove, já estava numa banda que acompanharia Tom Zé nas gravações de seus primeiros discos.

No começo dos anos 1970, o rapaz de Osasco, filho de um tecelão e de uma dona de casa, entrou para o Grupo Capote. A *Folha de S.Paulo*, em 1972, descreveu assim o aparecimento da banda: "Surge um novo grupo de música popular cujo nome é Grupo Capote. Seus integrantes são jovens compositores que surgiram no ABC e cantam uma música muito inteligente, cujo título é 'Feira da fruta'". A música citada voltou a ficar conhecida nos últimos anos por constar numa paródia na internet do seriado *Batman e Robin*.

Com Odair Cabeça de Poeta, músico que tocou com os Novos Baianos, o conjunto gravou discos como *O forró vai ser doutor*, misturando rock com ritmos nordestinos.

Koelho, nome que adotou por causa dos dentes saltados, tocava também contrabaixo. Participou dos discos *Se o caso é chorar* e *Todos os olhos*, de Tom Zé. Tocou ainda com Clementina de Jesus.

Como lembra a filha, Érica, foi o cantor que apresentou seu pai a Margarida, funcionária da ordem dos músicos com quem se casaria. Margarida era também escritora.

Após o fim do grupo, no final dos anos 1970, apresentou-se em bares. Sua última aparição foi no *Programa do Jô*, em 2010, acompanhando um *cover* de Raul Seixas. O sobrinho Ubiratã colecionava seus discos, porque ele mesmo não tinha nenhum.

Ficou viúvo em 2011. Internado com pneumonia, morreu no dia 8 de março, aos sessenta anos, após parada cardíaca. Deixou filha e neto.

13.3.2013

YOLANDA VIDIGAL MEYER

Fundadora da escola Vera Cruz

Quando Yolanda Vidigal Meyer foi colocar Luís na escola, em 1963, nenhuma instituição da cidade lhe agradou. Queria que o primeiro filho crescesse e "construísse seu pensamento com liberdade", junto com os professores. Por isso, naquele ano, ela fundou a própria escola: a Vera Cruz.

Filha de Alcides Vidigal, que foi advogado, deputado federal, presidente da Caixa Econômica e do Banco do Brasil, e fundador da Cosipa (Companhia Siderúrgica Paulista), Yolanda perdeu a mãe bem cedo, aos sete anos.

Ajudou a criar os irmãos (tinha onze, contando os do segundo casamento de seu pai) e, aos dezessete anos, ainda aluna do colégio Nossa Senhora de Sion, começou a fazer trabalhos voluntários de orientação a mães de famílias de baixa renda.

Por um tempo, deu aulas no próprio Sion, até decidir fazer faculdade. Contornou a resistência de seu pai e se formou em biblioteconomia. Trabalhou na biblioteca da Faculdade de Medicina da USP (Universidade de São Paulo) e na do Museu Paulista (no Ipiranga), para onde foi a convite de Sérgio Buarque de Holanda.

Cinquenta anos atrás, nos fundos de um prédio ocupado por uma empresa do marido, Luís, engenheiro, abriu a escola, que passou a coordenar – e em que atuou até 2006. Queria uma instituição sem dogmas. Em 2013, o Vera Cruz tinha 2,5 mil alunos em cinco unidades.

Segundo o filho, sua mãe era brincalhona, de respostas rápidas e carinhosa. Até poucos anos atrás, gostava de escrever contos num notebook.

Superou câncer e dengue aos noventa anos.

Viúva desde 1975, morreu em 24 de março, aos 92 anos, após parada cardíaca. Teve dois filhos e quatro netos.

26.3.2013

ALESSANDRO RENÊ FABRÍCIO NICOLAU

Foi de São Paulo ao Alasca de moto

No início de 2012, Alessandro Renê Fabrício Nicolau partiu de São Paulo para o Alasca, nos Estados Unidos, sozinho, em cima de uma motocicleta. Levou quarenta dias para chegar ao seu destino, quase congelou as mãos ao enfrentar nevascas e topou com ursos pelo caminho.

Quem conta os detalhes da viagem é seu tio Paulo, médico. Segundo ele, o sobrinho era um aventureiro e estava no auge de sua trajetória.

Natural de Louveira (SP), Alessandro, primeiro de dois filhos, cresceu numa chácara perto de Jundiaí (SP). Os pais, o advogado João e a dona de casa Belenice, gostavam da vida no campo e queriam que os filhos crescessem cercados de bichos e plantas.

Foi para São Paulo estudar. Formou-se em administração de empresas na Anhembi-Morumbi. Depois, começou o curso de direito (como o irmão, Gustavo, que se doutorou na área), mas não chegou a concluí-lo.

Trabalhou por um tempo na J. Nicolau Imóveis, que é da família, e foi funcionário da Sotheby's, empresa de leilões. Mas era apenas seu ganha-pão para financiar as atividades aventureiras, segundo o tio.

Gostava de esportes náuticos e de ir para a casa da família em Juqueí, no litoral paulista. Nos últimos anos, foi navegador de equipes de rali.

Separado nos últimos dois anos, dividia a guarda do poodle Nick com a ex-mulher.

Foi submetido a uma cirurgia por causa de um desvio na coluna e de uma fratura causada por um acidente de rali. Complicações levaram-no a ter uma septicemia e uma insuficiência renal.

Morreu em 22 de março, aos 42 anos, de falência de órgãos. Não deixou filhos.

31.3.2013

FUAD SALLUM

Notívago, não se deitava antes de ler o jornal

Foi na esquina das ruas Martim Francisco e Imaculada Conceição que Fuad Sallum criou fama no bairro de Santa Cecília, na região central de São Paulo. Lá, o filho de libaneses abriu, em 1966, uma hamburgueria que mais tarde se transformaria no até hoje popular Esquina Grill do Fuad. Além de restaurante, o local acabou virando sede informal do conselho de segurança do bairro, do qual Fuad foi presidente.

Ele ouvia reclamações dos moradores e atuava como líder local, conta o irmão Bertoldo Sallum. "Era o 'pronto-socorro' comunitário", diz o amigo Fábio Fortes. Conhecia clientes pelo nome, sentava à mesa, puxava papo. "As pessoas vinham ao restaurante para ver meu pai, sempre me contavam um 'causo' com ele", diz a filha Lilian Sallum.

No restaurante, as paredes da entrada estão repletas de fotos de Fuad com políticos, entre eles Fernando Henrique Cardoso, Paulo Maluf e Dilma Rousseff, que conheceu pela atuação comunitária e pela passagem na presidência do Jockey Club. Tinha paixão por cavalos e apostava nas corridas.

Notívago, não se deitava antes de ler o jornal, por volta das quatro da manhã.

Não recusava um prato de comida a quem precisasse. Nem mesmo vários pratos, como no caso de um jovem residente da Santa Casa, hospital que fica no bairro. Com esse estudante, Fuad conversou sobre detalhes de sua doença, diagnosticada havia dois anos – a família prefere não falar sobre isso. Morreu no dia 30 de março, de falência múltipla de órgãos. Deixou mulher, dois filhos e um neto.

1º.4.2013

ADHERBAL GUERNELLI DE OLIVEIRA MAIA

"Prazer, Adherbal do Samaritano"

Adherbal Guernelli de Oliveira Maia se apresentava assim: "Muito prazer, meu nome é Adherbal Maia, do Hospital Samaritano". Após 41 anos dedicados à mesma instituição, o hospital passou a fazer parte de sua identidade, como lembra a filha, Carla.

Nascido em Campinas, fez medicina no Rio de Janeiro. Neurocirurgião, passou pelos hospitais de Ipanema e Pró-Cardíaco, até comprar o Samaritano.

Todo dia acordava cedo, chegava por volta das 5h30 ao trabalho e tomava café da manhã com os médicos. Depois, fazia suas rondas acordando os pacientes. Envolvia-se tanto que muitas vezes voltava para casa chorando após algum falecimento – e ainda se preocupava com o futuro da família daquele que acabara de falecer.

Tempo para lazer nunca tinha. Seu prazer, conta a família, era ir ao Samaritano. Os filhos, quando precisavam conversar, marcavam de encontrá-lo no trabalho. Quando a filha Carla era pequena, ele a levava em seu Fusca branco para o hospital e a apresentava como sua assistente. Não quis, porém, que os filhos fossem médicos. Dizia que a profissão era dura.

É descrito como dono de um temperamento forte e, ao mesmo tempo, muito amoroso.

Em 2011, o Samaritano foi vendido à Amil, mas Adherbal ainda permaneceria na direção por um tempo. Segundo a filha, não foi fácil para o pai ver tantas mudanças.

No domingo de Páscoa, 31 de março, foi internado após um infarto. Era um entra e sai de funcionários querendo vê-lo em seu quarto.

Morreu no dia 4 de abril, aos 75 anos, no Hospital Samaritano, em decorrência de outro infarto. Casado com a psicanalista Priscilla, teve dois filhos e um neto.

12.4.2013

ALBERTO CHUAIRI

Turcão, um zagueiro artilheiro

Turcão se preparava para bater faltas mirando onde a trave encontra o travessão. Assim, calculava a curva da bola e dava um chute preciso. Graças a sua mira, tornou-se o terceiro maior zagueiro artilheiro do São Paulo Futebol Clube, com 35 gols em 224 jogos pelo time.

Caçula de seis irmãos, Alberto Chuairi nasceu e cresceu na Vila Mariana, zona sul de São Paulo, onde jogava futebol de várzea. Aos dezoito anos, foi descoberto por um olheiro e contratado pelo Palmeiras. No clube, foi campeão juvenil, amador, e ganhou duas vezes o campeonato paulista. Na final do estadual de 1947, na Vila Belmiro, marcou um gol do meio do campo, ajudando na vitória de 2 a 1 sobre o Santos.

Também foi jogador do São Paulo de 1951 a 1957 e venceu a Pequena Copa do Mundo, no Chile. Foi convocado para a seleção brasileira e participou de amistosos.

Era visto pelos outros jogadores como um craque. Dino Sani, meio-campista que participou da conquista da Copa de 1958, elogiava seu passe.

Um machucado no joelho impediu Turcão de seguir a carreira. Aos 31 anos, saiu dos gramados e investiu nos negócios. Passou por duas empresas de alimentos, chegando a gerente de vendas, e depois se aposentou.

Segundo os filhos, Turcão era bem-humorado, amoroso e se orgulhava de fazer parte da história do futebol. Nunca revelou para qual time torcia. Dizia-se dividido entre os dois clubes da capital pelos quais jogou.

Morreu no dia 21 de abril, aos 86 anos, de falência múltipla de órgãos. Viúvo, deixou quatro filhos, quatro netos e uma bisneta.

29.4.2013

MARIA HELENA ARRIGUCCI

Amava literatura e "fitas" de máfia

"Você gosta de *O poderoso chefão*, Lena?", perguntou certa vez a amiga Ana Lima Cecilio a Maria Helena Arrigucci. "Não é que eu gosto: eu concordo", cravou Lena, reafirmando sua paixão por "fitas" de máfia italiana.

O gosto pela leitura veio da mãe, Anita, e do irmão, o crítico literário Davi Arrigucci Jr. Perdeu seu grande amor, o aviador Oswaldo Simon, em 1992. Não teve filhos. Desbocada e boêmia, de sua São João da Boa Vista (SP) trouxe o arsenal de expressões com que deliciava os amigos: "fulano não articula 'bom' com 'dia'", "suei no bigode", "onde passa o peru, não tem jeito".

O bom ouvido para a fala popular foi crucial para a tradução literária, talento tardio que desenvolveu ao se aposentar como assistente social da Prefeitura de São Paulo. Verteu três livros do italiano Elio Vittorini para o português.

Na Cosac Naify, editava literatura e crítica de cinema. Exerceu forte ascendência sobre os jovens da editora, com quem almoçava no Via Castelli, em Santa Cecília. Por trinta anos, comeu diariamente no restaurante, onde chegou a preparar sua receita de *braciola*.

Antes de se internar, anunciou ter deixado "[...] a casa limpa,/A mesa posta,/Com cada coisa em seu lugar", como no poema de Manuel Bandeira sobre a chegada da "indesejada das gentes", a morte.

No hospital, amigos (Márcio Suzuki, Rodrigo Lacerda, Mário Carvalho, Raul Loureiro) se revezaram para que não dormisse só. Em suas últimas horas de vida, organizou-se uma "saideira" no quarto.

Lena despertou, tomou o último uísque e adormeceu. Morreu em 9 de maio, aos 74 anos, de câncer no pulmão.

12.5.2013

ANTONIO MEDINA RODRIGUES

Um professor de literatura grega

Todo mundo insistia com Antonio Medina Rodrigues para que fosse à Grécia. "Conhecia mais a Grécia do que muito grego", brinca a mulher, Maria Eugênia, professora aposentada. Mas ele não foi. O pavor de avião o impediu.

Paulistano, filho de espanhóis, fez letras na USP (Universidade de São Paulo) e, antes mesmo de concluir a faculdade, já dava aulas de português e literatura. Lecionou no Curso de Madureza Santa Inês, no Anglo e no Objetivo.

Concluiu mestrado, doutorado e livre-docência em grego e realizou um sonho do início da carreira, como lembra a mulher: dar aulas na USP. Na instituição, foi professor de língua e literatura grega.

Poeta, ensaísta e crítico literário, traduziu do grego *As aves* e *Lisístrata ou a greve do sexo*, de Aristófanes, e *O cântico dos cânticos*, de Salomão, trabalho que demorou dois anos e meio para concluir. Editou ainda a tradução de Manuel Odorico Mendes para a *Odisseia* e publicou, entre outros, *As utopias gregas*.

Era bonachão o tempo inteiro, como lembra a mulher. Em sala de aula, às vezes se punha a cantar – o que fez, certa vez, no programa de Hebe Camargo, roubando a cena.

Leitor voraz, acontecia de ir almoçar com o filho num restaurante alemão e voltar para casa com sacolas de livros sobre o idioma. Em casa, onde mantinha cerca de 10 mil obras, construiu dois quartos para guardá-las. Até os corredores eram aproveitados.

Colaborou com a *Folha de S.Paulo* e com *O Estado de S. Paulo* e deu cursos na Casa do Saber. Estava aposentado pela USP.

Morreu em 12 de maio, aos 72 anos, em decorrência de uma falência renal. Deixou viúva, três filhos e quatro netos.

14.5.2013

OLINTO ARRIVABENE

Contador e atleta na juventude

Sempre que competia em provas de atletismo, entre o fim dos anos 1930 e o início dos 1940, Olinto Arrivabene chegava bem. Em 1941, por exemplo, ficou em primeiro lugar pelo Palestra Itália num campeonato estadual de juniores da Federação Paulista de Atletismo, nos 100 metros rasos.

Foi inclusive recordista juvenil em salto em extensão (6 metros) e em salto com vara (3,03 metros). As marcas acabaram sendo batidas ainda em 1941.

Filho de imigrantes italianos, nasceu em São Paulo. Seu pai foi dono da Arrivabene & Cia. Ltda., que produzia na Lapa, na zona oeste da capital, as bolachas A Egypciana. No começo, trabalhou no negócio.

Em 1943, formou-se em contabilidade na Fecap (Fundação Escola de Comércio Álvares Penteado) e, no mesmo ano, fundou com o irmão Arrone o escritório de contabilidade Arrivabene, que se especializaria em entidades sindicais e associações de classe. Seu irmão ficou na sociedade até morrer, em 1990. Hoje, no escritório, trabalham dois filhos, um genro e três netos.

Praticou esportes até os 45 anos, como lembra a família. Adorava futebol e passou para filhos e netos o amor pelo Palmeiras.

Era de falar alto, gesticular e de brincar com as pessoas mesmo sem conhecê-las. "Tinha sempre uma piada no bolso", lembra o filho Norberto.

Em todas as viagens que fazia, tinha que passar pela Itália, que visitou umas quinze vezes.

Morreu no dia 19 de maio, aos 91 anos, de complicações de um AVC (acidente vascular cerebral). Com Dinorah, professora, teve quatro filhos. Deixa dez netos e cinco bisnetos.

23.5.2013

ROBERTO SALVADOR SCARINGELLA

Fundador e ex-presidente da CET

Em 1973, ao assumir a direção do DSV (Departamento de Operação do Sistema Viário de São Paulo), o engenheiro Roberto Salvador Scaringella fez determinadas observações. A imprensa da época destacou algumas delas: 1) A capital paulista não tinha infraestrutura de tráfego adequada ao seu tamanho; 2) A médio prazo, o metrô estaria superado; 3) A agressividade da população aumentava com os problemas do trânsito.

Roberto era um paulistano de ascendência italiana cujo pai, que se dedicou à construção de casas, sonhava em ter um filho engenheiro. Nos anos 1960, formou-se na Escola Politécnica da USP (Universidade de São Paulo) em engenharia civil e hidráulica. Iria se dedicar, no entanto, à área de trânsito, sua paixão, embora, na década de 1980, tenha se formado também em jornalismo.

Como lembra a irmã Rosana, Roberto tinha um dos primeiros registros profissionais do Metrô, de onde foi diretor de planejamento. Como diretor do DSV, era considerado o inimigo nº 1 dos motoristas paulistanos. Só em 1977, o órgão aplicou mais de 500 mil multas num período de 52 dias.

Em 1976, fundou a CET (Companhia de Engenharia de Tráfego) e tornou-se seu primeiro presidente. Comandaria o órgão outras duas vezes. Foi ainda secretário municipal de Transportes de São Paulo.

Teve programas no rádio e na TV sobre trânsito. E admitiu já ter sido multado por estacionar em lugar proibido.

Foi descrito pela irmã como impaciente, com ar sisudo, mas também muito solidário.

Em tratamento contra um linfoma, teve leucemia. Solteiro, morreu no dia 14 de junho, aos 73 anos.

20.6.2013

FRANCISCO SCARPA

"Nasceu rico, viveu rico e morreu rico"

Até o ano passado, com 102 anos, Francisco Scarpa ainda comandava os negócios da família. Foram muitos.

Natural de Sorocaba (SP), Chico, como era chamado, era filho de um imigrante italiano que participou da fundação da Votorantim, mas que abandonou a área de cimentos para se dedicar à indústria têxtil.

Aos dezoito anos, foi enviado à Alemanha na companhia do irmão, Nicolau, com o objetivo de se tornar mestre cervejeiro. O pai (também chamado Nicolau) comprara uma cervejaria.

Ao retornar, foi trabalhar na Caracu, a empresa da família em Rio Claro (SP). Ele e o irmão lançariam a primeira cerveja em lata do Brasil, a Skol-Caracu. A fábrica acabaria sendo vendida para a Brahma.

Nos anos 1960, Chico foi prefeito de Rio Claro e deputado federal. Mas desistiu da política para se dedicar aos negócios. Porque foram muitos mesmo: fiação, usinas de açúcar, fábricas de bebida (água Lindoya, refrigerante Seven Up, cerveja Londrina), curtume, fazendas e loteamentos. "Nasceu rico, viveu rico e morreu rico", como lembra a filha Fátima. Quando moço, teve aviões, "adorava as festas e o glamour". Mas não era extravagante, segundo a filha.

Descrito como muito bem-educado, gentil e elegante, Chico adorava jogar cartas e nadar.

Embora tenha tido uma cervejaria, não era muito de beber, com exceção de champanhe. Muito católico, manteve um educandário e uma creche.

Foi casado com Patsy, com quem teve, além de Fátima, Renata e Chiquinho Scarpa. No ano passado, ficou viúvo e, meses depois, sofreu um AVC (acidente vascular cerebral). Morreu no dia 18 de junho, aos 103 anos, após parada cardíaca. Teve cinco netos.

25.6.2013

NELLO ROBERTO DE ROSSI

Um ator italiano dono de cantina

Em 1984, Nello Roberto de Rossi, sentado à mesa com seus funcionários, disse a um deles: "Bonita camisa, Fernandinho". A resposta veio em coro: "Muito obrigado, a do senhor também é linda".

O diálogo ficou famoso naquele ano por constar na propaganda da marca de camisas US Top. Nello era o ator que representava o patrão.

Italiano de Roma, começou a atuar aos catorze anos, primeiro no teatro, depois no cinema. Nos anos 1940, foi aos Estados Unidos tentar a carreira por lá, mas o fato de ser italiano na América em plena Segunda Guerra não o ajudava. De volta a seu país, trabalhou como assistente de direção de Roberto Rossellini.

Em 1953, casou-se com Rina, atriz, e decidiu retornar aos EUA, onde ajudou a montar um restaurante em Nova York.

Em 1973, veio ao Brasil cuidar dos negócios de um irmão que morrera. Gostou tanto do que viu que se mudou para cá. Em 1974, abriu a cantina Nello's, que hoje tem uma unidade em Pinheiros e outra na Vila Leopoldina, na zona oeste de São Paulo.

A mulher cuidava da cozinha (a cantina é famosa pelos seus molhos) e Nello recebia os clientes. Mas nunca abandonou o cinema, sua paixão. Patrocinou filmes (*Festa*, de Ugo Giorgetti, e a animação *Cassiopeia*, de Clóvis Vieira) e atuou em propagandas (Sadia, Mercedes, Pepsi, Estrela e Estomazil).

Era espirituoso e inteligente e costumava ajudar os funcionários, como conta Augusto, genro e sócio na cantina.

Com uma crise de vesícula, passou por uma cirurgia. Morreu em 26 de junho, aos 91 anos, de choque séptico. Teve quatro filhos, dez netos e uma bisneta.

27.6.2013

FLAVIO DEL CARLO

Um diretor de desenhos animados

O televisor, levado por um índio numa canoa, cai na água após ser puxado por um peixe que mordera seu fio. Já no fundo, o aparelho acende quando um peixe-elétrico abocanha o cabo. Na tela, começava o *Glub Glub*, programa infantil exibido nos anos 1990 pela TV Cultura.

Esse desenho da abertura é de autoria de Flavio del Carlo, um premiado animador paulistano formado em cinema pela Faap (Fundação Armando Alvares Penteado). Ele também assinou a abertura de outro famoso infantil da emissora: o *Rá Tim Bum*.

Flavio sempre foi desenhista, como lembra seu pai, Thiers, administrador. Nos anos 1980, manteve na "Ilustrada", da *Folha de S.Paulo*, a tirinha Alfredinho Canibal, em parceria com Ignatz (Inácio Zatz).

Também trabalhou como cenógrafo e dirigiu comerciais, mas foi com seus desenhos animados que ganhou prêmios, como o de melhor curta no Festival de Gramado, com o psicodélico *Tzubra Tzuma*, de 1983.

Foi precursor no uso da animação misturada a personagens reais, como fez em *Squich!*, em 1992. Seus trabalhos podem ser vistos na internet.

O cineasta, que lecionou na Faap, é descrito como brincalhão e culto. "Nada abalava seu bom humor", conta o amigo Dagomir Marquezi, com quem tocou uma revista alternativa.

Era chamado de Flavinho, por ser baixinho e miúdo, segundo o pai. A irmã, Maria Paola, de 55 anos, a primeira portadora de Down no Brasil a se aposentar após trinta anos de serviço e que o considerava um ídolo, chamava-o de *hermano*.

Tratava um câncer. Morreu em 3 de julho, aos 57 anos. Teve dois filhos. Durante a cremação, a família tocou "Strawberry Fields Forever", dos Beatles, banda que adorava.

8.7.2013

MICHAL GARTENKRAUT

O reitor que diplomou anistiados

"Se fosse hoje, sabendo como as coisas se deram, o senhor teria feito alguma coisa diferente?" Michal Gartenkraut respondeu à *Folha de S.Paulo*, em 2005: "Não, teria feito exatamente como fiz. E não me arrependo. Se o preço a pagar é ser substituído com essa deselegância, acho que valeu a pena".

Michal se referia ao fato de ter diplomado, em 2005, seis ex-alunos do Instituto Tecnológico de Aeronáutica (ITA) expulsos durante a ditadura. Pela primeira vez no país, por iniciativa de Michal, reitor do ITA de 2001 a 2005, uma instituição pública de ensino assentia a estudantes perseguidos no governo militar o direito de colar grau.

O ato de Michal, um polonês de família judaica que aos onze anos veio para o Brasil, formado em engenharia mecânica e de produção no ITA em 1969, onde lecionou entre 1970 e 1993, porém, desagradou às Forças Armadas. Um mês depois da entrega dos diplomas, foi substituído por um tenente-brigadeiro. Soube da troca pelo site do ITA.

Mesmo assim, continuou dando aulas na pós, voluntariamente, pagando as próprias despesas para ir à instituição, como conta sua mulher, Lena.

Mestre pelo ITA e com PhD em Stanford (EUA), Michal também presidiu o Ipea (Instituto de Pesquisa Econômica Aplicada) entre 1987 e 1988, foi adjunto da assessoria técnica do presidente da República e secretário-geral do Ministério do Planejamento durante o governo José Sarney (1985-1990).

Chamado de Mik pelos amigos e de Gordo pelos filhos, adorava música clássica (que punha até no banheiro de casa) e pegar o carro para viajar.

Passara por uma cirurgia cardíaca no começo do mês de julho. Morreu no dia 18 de julho, aos 66 anos, após sofrer um infarto em casa. Teve três filhos, do primeiro casamento, e dois netos.

23.7.2013

ANTÔNIO VICENTE DE SOUZA

Tonico, que tinha que ser prefeito

No dia em que Antônio Vicente de Souza, o Tonico, ganhou o primeiro salário, aos sete anos, trabalhando na colheita do algodão, voltou para casa sem nenhum centavo.

Não perdera o dinheiro nem fora assaltado. Deixara tudo com um morador de rua que estava com fome. Segundo a família, seguiria a vida inteira assim: ajudando outras pessoas.

Nascido em Orlândia (SP), perdeu o pai cedo e cresceu em Ribeirão Preto, onde foi mecânico. Por volta dos vinte anos, mudou-se para Pederneiras, também no interior do estado. Lá, trabalhou numa oficina até abrir a própria, que cresceria com o tempo. Ficou conhecido na cidade como o Souza da Recondicionadora.

Era tão querido que até a sogra dizia: “A fôrma que fez o Tonico Deus usou e jogou fora”. Ajudou a pagar a faculdade de um amigo, hoje advogado. Para outro, comprou um terreno e deu uma ajuda na construção da casa. Aos garçons, dava gordas gorjetas. A filha Yara lembra que, quando alguém fazia aniversário, o pai mandava picanha e caixas de cerveja para a festa.

Para ele mesmo sobrava pouco. Por isso, a mulher dizia: “Tonico, você não é bom, é bobo”. Entre os amigos, ouvia-se: “Tonico tem que ser prefeito”. Não quis saber de política. Mas presidiu dois clubes.

Gostava de futebol (torcia para o Comercial), de samba (adorava Ataulfo Alves e Jamelão) e de dançar com a mulher. Frasista, quando lhe perguntavam se não ia falar nada, respondia: “Eu não, não dá lucro”.

Sofria de Parkinson e descobrira um câncer de garganta.

Viúvo desde março, morreu no dia 22 de julho, aos 79 anos, de falência de órgãos. Teve três filhas e seis netos. Seu velório estava cheio, segundo a família.

28.7.2013

RICARDO DE CARVALHO FERREIRA

Cientista amigo de Linus Pauling

Ricardo de Carvalho Ferreira tinha apenas catorze anos quando ganhou de presente de um amigo de seu pai a assinatura da revista *Nature*. O gosto pela ciência só aumentou, e logo ele passou a ler também livros da área.

Ainda no colégio, escreveu uma carta para o cientista Linus Pauling (1901-1994) alertando-o sobre erros que havia encontrado em uma publicação do americano. Pauling lhe respondeu, agradecendo as sugestões. Mais tarde, tornaram-se amigos e até trabalharam juntos nos Estados Unidos.

Ricardo formou-se em química na Universidade Católica de Pernambuco (Unicap), em Recife, cidade onde nasceu e fez carreira. Ajudou a fundar a Facepe (Fundação de Amparo à Ciência e Tecnologia do Estado de Pernambuco) e era professor emérito da UFPE (Universidade Federal de Pernambuco).

Tornou-se um cientista respeitado no Brasil e no exterior. Deu aulas na USP (Universidade de São Paulo), na UFSCar (Universidade Federal de São Carlos), na UnB (Universidade de Brasília) e em instituições americanas.

Recebeu vários prêmios – um dos mais importantes foi o Almirante Álvaro Alberto, concedido pelo CNPq e considerado o Nobel da ciência brasileira – e títulos – como presidente de honra da SBPC (Sociedade Brasileira para o Progresso da Ciência). Era membro da Academia Brasileira de Ciências.

É descrito pela família como um homem muito dedicado, sábio e educado. Dizia que as pessoas só precisam de "por favor" e "muito obrigado" para mudar o mundo.

Viúvo de Rosa Maria, que ele conheceu em um baile de Natal em 1944 e com quem foi casado por 57 anos, morreu em casa, no dia 30 de julho, aos 85 anos, de falência múltipla de órgãos. Deixou quatro filhos e três netos.

6.8.2013

DIAMANTINA TORRES FONTANA

Colecionou quase 3 mil xícaras

Mal a visita chegava, Diamantina Torres Fontana já a levava para conhecer sua coleção de quase 3 mil xícaras – todas devidamente guardadas em armários de vidro para evitar que ficassem empoeiradas.

Algumas peças eram presentes de amigos, mas boa parte havia sido comprada por ela, inclusive como lembrança das viagens que fez ao lado do marido, Paulino Fontana.

O casal era proprietário de comércio, e Diamantina passava os dias atrás do balcão. Só quando eles tinham por volta de cinquenta anos, pressionados pelos filhos, é que se permitiram tirar férias. Foram para a Itália visitar parentes e conhecer as origens da família.

Gaúcha de Santa Maria, foi ainda mocinha com a família para a então recém-criada Concórdia (SC), onde conheceu Paulino. Lá, viveram por cerca de quarenta anos, quando então se mudaram para Umuarama (PR), outra pequena cidade que começava a se desenvolver.

Gostava de contar sobre os tempos difíceis que viveram, quando havia poucas estradas e quase nenhum serviço público ou privado. Certa vez, em uma viagem a São Paulo, o casal comprou uma cabine de caminhão. Faltavam a carroceria e também as portas. Para poder transportar as mercadorias para Santa Catarina, os dois improvisaram com tábuas que conseguiram em uma serralheria no Vale do Anhangabaú.

Muito lúcida e ativa, Diamantina já programava a festa para comemorar os cem anos. Morreu no dia 1º de agosto, aos 97 anos, de câncer. Viúva havia doze anos, deixou quatro filhos, seis netos e dois bisnetos.

8.8.2013

RUI MOREIRA LIMA

Combatente que lutou pela democracia

Os feitos do major-brigadeiro do ar Rui Moreira Lima dariam um livro. E é isso que o filho, Pedro, pretende fazer: quer contar a todos os brasileiros como o pai tornou-se um herói nacional ao cumprir 94 missões de combate na Segunda Guerra Mundial e defender a punição de militares torturadores da ditadura.

Rui decidiu ser piloto após assistir a uma apresentação de três aviões da Marinha no Maranhão, sua terra natal. Foi para o Rio de Janeiro estudar na Escola Militar de Realengo, sem jamais esquecer que seu pai tinha horror a regimes ditatoriais. Nunca participou de golpes e dizia que as pessoas deveriam lutar por seus direitos.

Suas posições o levaram a ser afastado do cargo poucos dias após o golpe de 1964. Foi preso três vezes. Passou fome no porão de um navio usado como prisão e foi torturado psicologicamente.

Antes de ser detido pela primeira vez, disse a um de seus superiores que não queria que houvesse "show". "Ele não queria viatura na frente de casa, não era um bandido. Disse que era só ligarem para informar onde ele deveria se apresentar. E assim foi", conta Pedro.

Seu depoimento à Comissão da Verdade levou à criação de um grupo dedicado a militares perseguidos no regime. Lutou pela anistia completa dos colegas cassados.

É autor de *Senta a pua! A Força Aérea Brasileira na Segunda Guerra Mundial*, livro sobre a trajetória de brasileiros que lutaram no conflito – e que inspirou documentário de mesmo nome.

Em todos os momentos difíceis, Ruizinho, como era chamado pela família, teve dona Julinha ao seu lado. Viveu quase setenta anos ao lado da mulher, que ele deixara grávida do primeiro filho quando foi para a guerra na Europa.

Tiveram mais três, mas a segunda morreu aos dois anos, o que marcou profundamente a vida do casal.

Internado por causa de um AVC (acidente vascular cerebral), morreu em 13 de agosto, aos 94 anos. Pediu para ser enterrado ao lado da filha Verinha, não com outros colegas aviadores.

Além da viúva, deixou os filhos Soninha, Pedrinho e Claudinha, seis netos e dois bisnetos.

15.8.2013

CARLOS GOLDSTEIN

Nunca cobrou por uma consulta

Carlos Goldstein formou-se pela tradicional Escola Paulista de Medicina, mas, ao contrário de muitos de seus colegas, nunca quis abrir um consultório particular. Negava-se a cobrar dos pacientes, pois achava que os serviços de saúde deviam ser gratuitos.

Foram pelo menos 35 anos trabalhando como pediatra pela Prefeitura de Santo André e pelo estado de São Paulo. Fazia questão de ouvir todos os problemas do paciente, mesmo que a consulta (e a fila de espera) demorasse.

Era conhecido pelos trocadilhos e o característico humor judaico, ao estilo Woody Allen. Apesar de brincalhão, pensava todos os dias na trágica história de seus antepassados judeus. Seu pai e um tio fugiram da Polônia por causa do antissemitismo, mas o restante dos parentes morreu em campos de concentração. Seu nome era uma homenagem a Karl Marx, pois o pai fora do Partido Comunista.

Aprendeu piano na infância, apenas ouvindo a irmã tocar. Queria ter sido músico, mas, por pressão da família, teve de ser "doutor". Optou pela pediatria para lidar mais com a vida do que com a morte.

Era natural de Santos (SP), cidade que dizia ser "a mais linda do mundo". Muito gentil, não falava mal de ninguém nem se queixava da vida.

Descobriu uma mielodisplasia (tipo de câncer de sangue) em 2012. Mesmo no hospital, não perdeu o bom humor. Numa sessão de quimioterapia, brincou tanto que os enfermeiros se esqueceram de fazer as aplicações.

Fez transplante de medula no dia 27 de julho, mas morreu em 10 de agosto, após complicações. Tinha 73 anos. Deixou a viúva, Norma, e as filhas, Ilana e Thaís.

18.8.2013

Acostumada a vencer adversidades

O que fazer quando você, aos 37 anos, perde o marido inesperadamente e se vê diante de cinco crianças – a menor com dois anos, a maior com treze e três garotos no meio?

Ode não titubeou. Criou a família, sozinha – mesmo na penúria e abalada pela morte do companheiro e jornalista de esquerda Josimar Moreira de Melo, em um acidente nunca bem explicado. Era outubro de 1965, pouco mais de um ano após o golpe militar.

Ode estava acostumada a vencer adversidades. Seus pais morreram ainda jovens, vítimas de um mundo sem antibióticos. A irmã, Olaia, também partiu cedo. Coube a Ode criar os sobrinhos Conceição, Franco e Graça.

Tinha vários empregos, um deles de jornalista na extinta Agência Nacional. Tocava piano e acordeão com maestria. Chegou a se apresentar no Teatro Municipal do Rio de Janeiro. Adorava Chopin.

Mas seu grande orgulho eram os cinco filhos. Para tirá-la do sério, bastava criticar Cristina, Josimar, Ricardo, Roberto e Maria Olaia. Nunca deixou de ajudar as duas filhas, que escolheram viver longe de São Paulo. Fazia questão de acompanhar os três do meio nas "visitas" ao Dops, frequentes na década de 1970. Ao lado de mães como Eunice Paiva, viúva do deputado Rubens Paiva, desdenhava das ameaças da repressão.

Mesmo fragilizada pela idade, Ode insistia em morar sozinha. Não disfarçava, porém, a tristeza de perceber amigas partindo, como Maria Rosa de Belém Baptista, companheira inseparável na militância por causas sociais.

Ode sempre viveu do fruto do seu trabalho. Aos 85 anos, aposentada, gabava-se disso, cheia de razão. Morreu em sua própria cama na noite de 31 de agosto, como se tivesse decidido apagar a luz. Deixou a sensação de dever cumprido – e uma saudade impreenchível na família e nos amigos.

3.9.2013

IVO MANOEL DE JESUS

Cego que leu mais de 2 mil livros

Não há um livro em braile da Biblioteca Pública do Estado de Santa Catarina que não tenha passado pelas mãos de Ivo Manoel de Jesus. O gosto do florianopolitano pela leitura era tanto que foi preciso tomar emprestadas novas obras em São Paulo.

Dizia ter lido exatos 2.050 títulos. Cego de nascença, buscava-os sozinho, acompanhado apenas de sua bengala.

Em 2013, ao conceder entrevista para o jornalista Róbinson Gambôa, contou ser fã de Monteiro Lobato – seu preferido –, Machado de Assis, Gonçalves Dias e Jorge Amado. Mas, na falta de obras literárias, lia até as didáticas, como livros de física e química.

Não era incomum passar pelo centro de Florianópolis e encontrá-lo sentado, lendo, no ponto de ônibus em frente ao asilo Irmão Joaquim, onde foi deixado pela mãe quando tinha apenas três anos. Lá, passou toda a vida. Era o morador mais antigo do local.

Alfabetizado em braile, começou a estudar música aos sete anos. Aprendeu gaita e também teclado, que ele tocava todos os dias durante a missa celebrada na capelinha do Irmão Joaquim.

De acordo com funcionários, por alguns anos recebeu a visita de um homem, mas ninguém soube informar se se tratava de um parente. Oficialmente, Ivo nunca foi procurado por ninguém da família.

Diabético, morreu no dia 26 de agosto, aos 65 anos.

4.9.2013

WALDIR SILVA

Coroado como Rei do Cavaquinho

Waldir Silva nasceu em 1931, em Bom Despacho (a 158 quilômetros de Belo Horizonte). Filho de um ferroviário e de uma dona de casa, era o mais velho de oito irmãos.

O pai ensinou aos filhos o ofício de radiotelegrafista, mas Waldir preferiu a música. Anos depois, seria coroado Rei do Cavaquinho.

Teve o primeiro contato com o instrumento aos sete anos. Aos dezessete anos, foi para a capital mineira, onde construiu sua carreira. Antes de se dedicar apenas a apresentações artísticas, seguiu a função sugerida pelo pai, além de ter trabalhado nos Correios e em uma gravadora.

Em 1966, lançou seu primeiro LP, *Telegrama musical*. Fez shows na América Latina, Espanha e em Portugal, e lançou mais de 35 discos.

Como Rei do Cavaquinho, se apresentou para o então presidente Juscelino Kubitschek e tocou com Clara Nunes. Era reconhecido nas ruas de Minas Gerais – de onde nunca se mudou –, mas não fazia questão de elogios.

As celebridades que conhecera serviam de personagens para suas brincadeiras. Às vezes comentava com a filha Cátia: “Poxa, Hebe devolveu o brilhante que eu dei”.

Quando viajava, gostava de sentar na última fileira, prender as cordas do cavaquinho com um elástico e treinar baixinho.

Praticava quatro horas por dia até ser internado, no fim de agosto, com pneumonia. Desde meados de 2012, sofria de miastenia grave, doença autoimune que causa fraqueza muscular.

Morreu no dia 1º de setembro, aos 82 anos, de insuficiência respiratória. Deixou viúva, três filhos e dois netos.

8.9.2013

AROLDO FEDATTO

O zagueiro que foi ídolo do Coritiba

Com treze anos de clube e após ser campeão paranaense pela sexta vez, em 1956, o zagueiro do Coritiba Aroldo Fedatto (ou Fedato, com um "t" só, como ficaria conhecido) decidiu se aposentar.

No ano seguinte, após um início ruim do time no torneio, torcedores fizeram um abaixo-assinado pedindo a volta do ídolo. Fedato recolocou as chuteiras e o Coritiba sagrou-se campeão. Foi o sétimo e último título do jogador.

Ídolo do Coxa, o zagueiro era um atleta admirado além das quatro linhas. Foi homenageado por rivais e tornou-se amigo até dos adversários.

Cidadão honorário de Curitiba, onde morou toda a vida, Fedato era natural de Ponta Grossa (PR), mas por mero acaso. Seu pai era escultor e foi fazer um trabalho no município, acompanhado da mulher, que acabou dando à luz lá.

Era de família humilde e, para estudar no Colégio Marista, sua mãe teve que lavar roupas para a instituição.

Descrito como aglutinador, Fedato se recusava a sair de Curitiba, onde morava a família. Recebeu propostas para jogar em clubes como o Corinthians, o Fluminense e até o Roma, mas recusou todas. A única vez em que vestiu a camisa de outro time foi quando disputou quatro jogos pelo Botafogo, na Bolívia.

Após se aposentar, abriu uma rede de lojas de materiais esportivos. Apaixonado pelo mar, passava todos os finais de semana pescando.

Alegre, mesmo internado por causa de uma pneumonia, mantinha o sorriso. Morreu em 9 de setembro, aos 88 anos, em decorrência da doença. Teve três filhos e seis netos.

15.9.2013

CORACY UCHÔA PINHEIRO

A primeira moradora de Brasília

Quando o marido, Israel Pinheiro, foi convidado por Juscelino Kubitschek para construir a nova capital do Brasil, Coracy Uchôa Pinheiro não pensou duas vezes: foi morar no Catetinho, a provisória residência oficial do presidente durante a construção de Brasília.

Então com cinquenta anos, Coracy preparava a comida para os engenheiros e recebia as visitas oficiais, dando suporte ao trabalho do marido. Ganhou o apelido de "Candanga nº 1" – candango é como são chamados os primeiros habitantes de Brasília.

Longeva como os idealizadores de Brasília Oscar Niemeyer (1907-2012) e Lúcio Costa (1902-1998), ela viveu até os 107 anos, sempre muito lúcida.

Mineira de Paracatu, conheceu o marido em Belo Horizonte. A beleza da moça, que caminhava pela rua com o pai, chamou a atenção de Israel. Coincidentemente, esse primeiro encontro se deu próximo ao Palácio do Governo, para onde o casal se mudaria, no meio dos anos 1960, quando Israel foi eleito governador de Minas. Tinham vivido também em Caeté, no interior mineiro, terra natal do marido.

Como primeira-dama, fez parte da Associação das Pioneiras Sociais. Foi responsável pela criação do Centro de Artesanato Mineiro, cuja exposição permanente fica no saguão do Palácio das Artes, no centro da capital mineira.

Após a morte do marido, em 1973, continuou em Belo Horizonte, onde moraria até o fim da vida. Gostava de jogar buraco com as amigas e de acompanhar as novelas.

Morreu no dia 13 de setembro, de falência múltipla de órgãos. Teve nove filhos, trinta netos e dez bisnetos.

22.9.2013

GENEVIÈVE BOYÉ

Viveu sessenta anos com os tapirapés

Aos 28 anos, Geneviève Boyé jamais havia pensado em deixar sua cidade natal, a pequena Valfroicourt, na França. Mas, tocada pela situação dos povos indígenas brasileiros – especialmente os tapirapés, que em 1952 estavam quase desaparecendo –, acabou resolvendo vir para o Brasil.

Aqui, fundou, com duas outras freiras, a primeira missão da Fraternidade das Irmãzinhas de Jesus no continente latino-americano.

Na aldeia tapirapé em que se instalaram no interior de Mato Grosso, as irmãs trabalharam para reduzir a mortandade dos índios, que sofriam de doenças como gripe, varíola e febre amarela. Também os ajudaram a lutar pelo direito de demarcação de suas terras.

O trabalho de Geneviève foi sempre norteado pelo respeito à cultura e ao modo de viver indígena. Irmã Veva, como ficou conhecida no Brasil, costumava dizer que Deus não desejava outra coisa dos tapirapés senão que vivessem e crescessem como tapirapés.

Na Aldeia Urubu Branco, viveu como os índios. Morava numa casa igual às outras da aldeia, dormia numa rede e comia apenas o que plantava. Com os tapirapés, aprendeu a tecer, a fabricar sandálias, redes e peneiras, e a preparar iguarias como o cauim (bebida feita com mandioca cozida). Deles, ganhou o nome Mareaxigi – que não tem um significado, ao contrário da maioria dos nomes indígenas.

Irmã Veva morreu em 24 de setembro. Tinha noventa anos, sessenta deles vividos ao lado dos tapirapés. Seu corpo foi velado num típico funeral indígena e o povo da aldeia decretou luto por dois meses.

29.9.2013

DIVA BURNIER

Foi colega de Dilma na prisão

Em 1970, presa pela ditadura, a então integrante da Ação Libertadora Nacional (ALN) Diva Burnier passou cerca de um ano no presídio Tiradentes, em São Paulo, na cela conhecida como Torre das Donzelas. Tinha entre as companheiras Dilma Rousseff.

Anos depois, quando foi estudar na Unicamp (Universidade Estadual de Campinas), Dilma alugou a casa que Diva ainda mantinha em sua cidade natal, Campinas.

Apesar de não serem amigas próximas, Dilma tinha muito carinho pela ex-colega de prisão, segundo a família.

Além de lutar contra a ditadura e pela anistia, atuou no movimento feminista. Ajudou a fundar, no final da década de 1970, a revista *Brasil Mulher*.

Economista, dedicou sua vida profissional a projetos relacionados à alimentação. Aposentada pelo IBGE (Instituto Brasileiro de Geografia e Estatística), trabalhou por muitos anos na Secretaria de Agricultura e Abastecimento do estado de São Paulo.

É descrita pela família como uma mulher reservada, de opiniões fortes, solidária e humilde. Muito culta, nas horas de folga dedicava-se à leitura. Gostava também de artesanato e chegou a montar um ateliê na garagem de casa.

Por muitos, era conhecida como "a ex-companheira do Pacu", apelido do seu primeiro marido, Devancyr Romão. Foi casada ainda com o jornalista Luiz Clauset.

Em fevereiro, sofreu duas fraturas no crânio após uma queda em casa. Meses depois, em outro acidente, fraturou a bacia. Morreu no dia 25 de setembro, aos 67 anos. Deixou três filhos: João, do primeiro casamento, Felipe e Luís, do segundo.

30.9.2013

CORA PABST

Inspirava obras do marido, Aldemir Martins

A jovem Cora Pabst era casada quando conheceu o artista plástico Aldemir Martins. Os dois até tentaram renegar o amor que sentiam, mas ela, de personalidade forte, decidiu enfrentar o preconceito da década de 1950, que não via com bons olhos uma mulher desquitada.

Tornou-se companheira e também inspiração para obras de Aldemir. Aprendeu a dirigir e levava para cima e para baixo no seu DKV os materiais que o marido usava.

Em casa, recebia com muito zelo novos artistas que chegavam a São Paulo, principalmente os que vinham do Ceará, terra natal de Aldemir. Sempre tinha uma cama, uma muda de roupas e um prato de comida prontos.

Também gostava de pintar, mas se considerava apenas uma artesã, pois sabia a técnica, mas não tinha "a alma" de um artista, dizia.

Muito bonita e simpática, quando criança se intitulava "o anjo do Paraíso", em referência ao bairro da zona sul de São Paulo onde cresceu.

Trabalhou por algum tempo como modelo fotográfico. Como uma "verdadeira dona de casa", estrelou propaganda do sabão em pó Rinso.

Nas horas de folga, dedicava-se aos trabalhos manuais, como tricô, crochê e bordado, que fazia muito bem. Vaidosa, estava sempre arrumada e costurava suas próprias roupas.

Perdeu o marido em 2006. De acordo com a filha, Mariana, "ficou muito brava com ele por tê-la deixado": "Papai era a razão de viver dela". Desde então, passava os dias no quarto. Começou a ter problemas de saúde, como artrite. Morreu no dia 30 de setembro, aos 93 anos. Deixou a filha e o neto, João Pedro.

5.10.2013

GABRIELA LEITE

Ex-prostituta, fundou a Daspu

Ativista dos direitos das prostitutas desde 1987, Gabriela Leite fundou a grife de roupas Daspu. A marca, cujo nome é uma ironia ao da grife de luxo Daslu, foi criada em 2005 para gerar recursos à ONG Davida, fundada por ela própria em 1992.

Ex-prostituta, iniciou sua militância em 1979, quando organizou uma marcha em protesto contra um delegado violento que frequentava a Boca do Lixo, em São Paulo, local onde ela trabalhou antes de se aposentar e se dedicar exclusivamente à luta pelos direitos das profissionais do sexo.

Seu trabalho ganhou repercussão quando ela organizou o primeiro encontro nacional das prostitutas, em 1987, na capital paulista, com mulheres de onze estados.

A primeira coleção da Daspu foi lançada no ano de sua criação. A ONG firmou parcerias com estilistas e criou peças que eram apresentadas em desfiles pelo país e fora dele. As roupas eram desenhadas por profissionais, mas os temas das campanhas eram sugeridos pelas próprias prostitutas. O primeiro foi "caminhoneiros", por eles serem vistos como clientes educados.

Leite escreveu o livro *Filha, mãe, avó e puta*, em 2009, adaptado para o teatro.

Recentemente, uma das vitórias do movimento iniciado por ela foi a criação de um projeto de lei que regulamenta a profissão de prostituta no Brasil, apresentado ao Congresso pelo deputado federal Jean Wyllys (PSOL-RJ) no início de 2013.

Gabriela morreu no dia 10 de outubro, no Rio de Janeiro, em decorrência de um câncer de pulmão. Tinha 62 anos. Deixou marido, duas filhas e duas netas.

12.10.2013

MARIA DA LUZ

Irmã Adélia e a aparição de Nossa Senhora

O dia 6 de agosto de 1936 ficou marcado na história do povoado de Cimbres, em Pesqueira (PE). Nessa data, duas adolescentes, Maria da Luz e Maria da Conceição, disseram ter visto e conversado com Nossa Senhora das Graças. O caso, ainda não aceito pelo Vaticano, ficou conhecido como "a aparição de Nossa Senhora em Cimbres", que teria se repetido em outros dias.

Apesar de padres terem avaliado o fato e de terem encontrado grandes indícios de que a história seria verdadeira, as duas meninas foram chamadas de mentirosas e foram perseguidas.

Maria da Conceição decidiu "se esconder" para não falar mais do caso, mas Maria da Luz enfrentou o preconceito para se tornar religiosa. Só foi aceita, porém, no terceiro convento e após fazer voto de silêncio em relação ao assunto. Na época, só tratou da história, mesmo assim, por carta, com o padre José Khrle, que investigava o caso e que se tornou um padrinho para ela. Irmã Adélia – nome religioso de Maria da Luz – só voltaria a falar publicamente do tema nos anos 1980, depois de ter se curado de um câncer de garganta.

Enquanto viveu na Congregação das Damas Cristãs, trabalhou em favelas da região metropolitana de Recife. Além de evangelizar, ajudou a conseguir terrenos, construir casas e até levar médicos às comunidades.

Sempre que podia, também ajudava a irmã, que morreu antes dela e muito pobre.

Morreu no dia 13 de outubro, aos 91 anos. Seu corpo foi enterrado em Recife, mas, como era sua vontade, seria levado para junto dos túmulos dos familiares, que ficam em Cimbres, próximos ao local onde Nossa Senhora das Graças teria aparecido.

17.10.2013

RENATO CANINI

Era o contrário de Zé Carioca

Se Zé Carioca era malandro, festeiro e preguiçoso, seu "pai brasileiro", Renato Canini, tinha características bem opostas: gostava de ficar quietinho em casa e era reconhecido pela simplicidade, humildade e cordialidade.

Famoso por ter "abrasileirado" o personagem da Disney ao trocar suas roupas sérias por boné e camiseta e incluir favelas no cenário, o ilustrador dizia que o papagaio era apenas mais uma de suas criações. Tinha um carinho especial pelo índio Tibica, que falava às crianças sobre temas relacionados à ecologia.

Apesar de ter morado em São Paulo e Porto Alegre, apreciava lugares mais calmos, como sua pequena cidade natal, Paraí (RS). Foi esse, aliás, um dos motivos que o levaram para Pelotas, no interior gaúcho, após ter se casado, em 1995, com Maria de Lourdes, também ilustradora e colecionadora dos trabalhos do marido.

Renato desenhou não só para as revistas da Disney, publicadas no Brasil pela editora Abril, como para várias publicações, entre elas *O Pasquim* e *Jornal do Brasil*. Também ilustrou livros. Há dez anos, foi premiado com o troféu HQ Mix e recebeu o título de "Grande Mestre" do quadrinho nacional.

Não frequentava uma igreja específica, mas era muito religioso. Lia a Bíblia todos os dias e "colocava em prática seus ensinamentos", conta Maria de Lourdes. "Era um artista maravilhoso, mas também muito generoso, um verdadeiro homem de bem."

Como "bom gaúcho", divertia-se escolhendo temperos para carnes.

Morreu no dia 30 de outubro, aos 77 anos. Além da viúva, deixou três irmãs e um sobrinho.

2.11.2013

WALDOMIRO ZARZUR

O construtor do arranha-céu paulistano

Quando o engenheiro Waldomiro Zarzur começou na profissão, nos anos 1940, São Paulo ainda era uma cidade horizontal e distante do visual de metrópole que tem hoje. Ele foi um dos responsáveis pela verticalização da cidade, tendo projetado e construído o edifício mais alto da capital paulista (e, pelo menos até final de 2014, do país): o Palácio W Zarzur, também conhecido como Mirante do Vale.

Erguido na década de 1960, o arranha-céu de 170 metros de altura está localizado no Vale do Anhangabaú. No último andar, o 51º, fica o Grupo Zarzur, que foi presidido por Waldomiro até sua morte.

Lembrado pela família como uma pessoa generosa e totalmente dedicada ao trabalho, aos 92 anos o engenheiro ainda ia todos os dias ao escritório.

Em cima de sua mesa, tinha uma ampulheta que girava toda vez que começava uma conversa com alguém, dando a entender que o interlocutor deveria ser sucinto. Homem dedicado a grandes projetos, o engenheiro não tinha tempo a perder.

Um dos pioneiros no uso do concreto armado, construiu a estrutura de 41 metros que sustenta a imponente escultura de Duque de Caxias, do artista Victor Brecheret, localizada na praça Princesa Isabel. Também projetou o edifício São Vito, demolido em 2011.

As memórias de Zarzur estão num livro inédito da professora Maria Ruth Amaral de Sampaio, da Faculdade de Arquitetura da USP (Universidade de São Paulo).

Morreu em 2 de novembro. Deixou a esposa, Hilda, quatro filhos e doze netos.

4.11.2013

HÉLIO DA SILVA CARDOSO

Da janela do hotel, viu a mulher pela primeira vez

Era 1957: Hélio da Silva Cardoso havia acabado de chegar a Belém, transferido pelo hoje extinto Banco de Crédito Real de Minas Gerais. Como não conhecia ninguém e ainda tinha de esperar a agência ficar pronta, passava muito tempo no hotel.

Em suas contemplações pela janela, reparou numa moça que trabalhava no prédio em frente. Vez ou outra, encontrava-a na rua na hora do almoço. Dois anos mais tarde, estava casado com ela, a funcionária pública Lourdes.

Quando se mudara para o Pará, deixando Londrina, no Paraná, para trás, os amigos acharam que ele estava louco por ir para "tão longe".

Hélio, porém, fazia questão de trocar de cidade. Até então solteiro, foi a maneira que encontrou para "crescer" dentro do banco – cada transferência significava um benefício, como aumento de salário ou mudança de cargo.

Após deixar sua terra natal, Juiz de Fora, em Minas, morou em vários estados, até se fixar, em 1971, em Belém. Era a segunda vez que ia morar na capital paraense.

Participava do Lions Clube e até fundou unidades em cidades por onde passou.

Aposentado, dedicou-se também a trabalhos sociais mantidos pela Igreja Católica. Era um dos principais organizadores do sopão distribuído a moradores de rua pela comunidade São Brás. Tinha como hobby acompanhar jogos de futebol e também outros esportes.

Em setembro, foi diagnosticado com câncer de pulmão. Morreu em 3 de janeiro, aos 86 anos. Viúvo desde 2008, deixou três filhos, Hélio, Maurício e Ana Carolina, e três netos.

10.1.2014

HONORINA ASCÁRI ULIAN

Recebeu do sogro o dom de benzer

Quando José Ulian decidiu passar seu dom de proteger as pessoas com benzeduras, escolheu a nora, Honorina, para seguir com a missão. Com galhos de arruda e orações, ela ajudou de crianças a idosos até o final da vida. Era uma das mais famosas benzedeiras de Monte Alto (SP), onde foi morar após se casar com João, em 1929. Quem mais visitava sua casa eram mães com bebês ou crianças. Preocupadas, pediam rezas contra mau-olhado, quebranto ou cobreiro.

Dona Norina era devota de Nossa Senhora Aparecida e de Menina Izildinha, a quem os moradores de Monte Alto atribuem milagres e curas. Dizia que, às vezes, via a garota ao seu lado durante as rezas e que, por meio dela, alcançou sua primeira graça. Honorina contava que, desesperada ao ver que o neto Luizinho, de apenas dez dias, não respirava durante o banho, pediu a intervenção do "Anjo do Senhor" e foi atendida.

Era muito caseira e adorava receber visitas, conversar e cuidar do lar. Filha de italianos, fazia um cappeletti maravilhoso, diz a família, da massa ao recheio.

Nos últimos anos, estava com dificuldades para enxergar e andar, mas continuou lúcida até o final da vida.

Morreu em 27 de janeiro, enquanto dormia, aos 104 anos. Ficou viúva depois de 65 anos de casamento e teve quatro filhos – um já falecido –, dez netos, quinze bisnetos e uma trineta.

2.2.2014

RENATO RIBEIRO POMPEU

Jornalista em vários formatos

Em 2008, ao responder sobre quais conselhos daria a um jornalista iniciante, o jornalista e escritor paulista Renato Ribeiro Pompeu recomendou: abandonar imediatamente a profissão.

Em caso de insistência, disse ele ao site *Observatório da Imprensa*, o melhor é se estabelecer de forma independente na internet. "Se isso também não for possível, procurar manter a dignidade profissional e preparar-se para uma vida de sacrifícios."

Ao longo da carreira, iniciada em 1960 e que durou até a véspera de sua morte, o incansável Pompeu trabalhou em diversos meios de comunicação, entre os quais *Folha de S.Paulo*, *Veja* e *Jornal da Tarde*. Ganhou um Prêmio Esso de Jornalismo.

Quando não estava numa redação, Pompeu se dedicava a escrever livros. Foram ao todo 22 obras, incluindo os romances *Quatro-olhos* (1976) e *Samba-enredo* (1992), e a biografia *Canhoteiro, o homem que driblou a glória* (2002).

Desde 2009, Pompeu também mantinha o blog do Renatão, onde publicou pela última vez em 8 de fevereiro, sobre a importância da obra da antropóloga e ex-primeira-dama Ruth Cardoso.

Horas depois, ele se sentiu mal e foi internado em um hospital de São Paulo. Renato Ribeiro Pompeu morreu no dia seguinte de manhã, aos 72 anos, após uma parada cardíaca. Solteiro, ele não deixa filhos.

10.2.2014

ERNESTO PAULELLI

O Arnesto do samba de Adoniran Barbosa

Nos anos 1930, o violonista Ernesto Paulelli teve um encontro que mudaria sua vida. Convidado a se apresentar na rádio Record, conheceu Adoniran Barbosa.

O sambista pediu um cartão a Ernesto e, ao ler o nome do rapaz, saiu com um "Arnesto". Após ser corrigido, Adoniran falou: "Você é Arnesto e eu vou te fazer um samba, porque teu nome dá samba, rapaz. Você aduvida [*sic*]? Pode esperar que eu vou te fazer um samba".

Ernesto esperaria até 1955 para escutar a música prometida. Ao ouvir no rádio o "Samba do Arnesto", abraçou a mulher, Alice, e chorou. Dois anos mais tarde, reencontrou o músico que imortalizou seu nome no samba paulistano. "Camarada, é a coisa mais linda que você podia fazer para mim. Eu te agradeço de coração", disse.

O próprio Adoniran Barbosa (1910-1982) admitiria no programa de Aírton e Lolita Rodrigues, na extinta TV Tupi, que Ernesto Paulelli havia sido a inspiração para a letra. A gravação do episódio, porém, se perdeu num incêndio na emissora, em 1978.

Ernesto tinha o sonho de se tornar advogado, desejo que perseguiu até conseguir se formar, já com sessenta anos. Praticou a profissão por mais trinta. "Ele foi meu exemplo de vida. Nunca mais vai existir um homem como ele", disse sua filha, Valéria. "Meu coração hoje está sangrando."

Morreu em 26 de fevereiro, aos 99 anos, depois de uma parada cardiorrespiratória. Deixou dois filhos, nove netos e nove bisnetos.

27.2.2014

ELZA MARIA MEIRA MARSIGLIO SCHWARZ

"Vovó Pode-Pode" aprendeu a pilotar

Em seu tempo, Elza Schwarz foi uma mulher moderna. Afinal, era bem incomum, no fim da década de 1940, uma jovem com seus vinte e poucos anos pilotar aviões. A paixão pela aviação era aprovada pela mãe, Carlota, mas escondida do pai, Mário. Elza fez aulas e, depois de ser aprovada pela Aeronáutica, conseguiu o brevê.

Ao contar para o pai sobre a façanha, ganhou um castigo e não teve autorização para ir ao Rio de Janeiro buscar o documento. A família diz acreditar que ela foi uma das primeiras mulheres a pilotar avião no estado de São Paulo.

Após abandonar a aviação, dedicou-se a lecionar, começando no município de Herculândia (SP).

Pilotar aviões e ensinar, no entanto, não foram desafios maiores que cuidar dos cinco filhos sozinha, em Jaú, no interior paulista, depois da viuvez precoce, aos 42 anos. Sua casa foi local de ensaios para bandas da Jovem Guarda que tinham seus filhos como integrantes.

Teve uma carreira marcante na educação municipal. Foi professora de escola rural por muitos anos. Já lecionando na cidade, aposentou-se como vice-diretora de escola.

Na família, era conhecida pelo perfil agregador. Seus netos a chamavam de "Vovó Pode-Pode", pois, na casa dela, podiam fazer tudo que não oferecesse perigo. Alguns aprenderam xadrez com ela.

Sofria do mal de Alzheimer. Morreu em 20 de fevereiro, aos 86 anos. Além dos filhos Mário, José Antônio, Paulo, Luiz Fernando e Carlos Henrique, deixa dezessete netos, quatro bisnetos e um ensinamento: lutar pelo que acredita.

28.2.2014

JAYME LEÃO

Ilustrador deixa marca na literatura juvenil

Para quem pôde estudar só até os onze anos, Jayme Leão superou qualquer expectativa ao se tornar, antes dos trinta, diretor de arte da Denison, então uma das maiores agências de publicidade do país.

Para ele, no entanto, aquele não parecia o caminho certo. "Meu pai não suportava a ideia de ganhar mentindo", diz a jornalista Lídice Leão, a primeira dos sete filhos do pernambucano criado no Rio de Janeiro e radicado em São Paulo.

Em 1974, em plena ditadura, abandonou a promissora carreira publicitária para empregar seu talento na imprensa alternativa. Ilustrador autodidata, atuou em jornais como *O Pasquim* e *Opinião*, foi preso várias vezes e precisou se exilar no Chile.

O final dos anos 1970 marcou sua estreia na grande imprensa, com ilustrações para *Folha de S.Paulo*, *O Estado de S. Paulo* e *Veja*, e também suas primeiras capas de livros. "Jayme era uma figura conhecida, com base técnica forte. Tinha um traço deslumbrante", diz o cartunista Laerte.

São dessa fase seus trabalhos mais conhecidos: as várias capas de volumes da coleção Vagalume, sucesso nos anos 1970 e 1980, incluídas aí obras como *Um cadáver ouve rádio* e *O rapto do garoto de ouro*, de Marcos Rey.

Nos últimos anos, vítima do alcoolismo, já quase não produzia. Em janeiro, sofreu traumatismo craniano após uma queda em casa, no bairro paulistano de Mandaqui.

Leão se recuperava de uma cirurgia quando apresentou desidratação. Morreu em 10 de março, aos 68 anos, por complicações decorrentes de insuficiência renal. Deixou sete filhos, sete netos e um bisneto.

12.3.2014

ROGÉRIO DE SOUZA POLY

Ator da trupe Dzi Croquettes

Dona Nete sempre achou um escândalo ver o filho Rogério de "bunda de fora" no palco, ao lado do irmão, Reginaldo, e dos outros onze integrantes do grupo Dzi Croquettes, ícone da contracultura brasileira dos anos 1970, em plena ditadura militar.

Vestidos de mulher, compondo um visual andrógino cheio de pluma e purpurina, a trupe fazia um show irreverente e debochado, que misturava teatro, dança e humor. O Dzi Croquettes virou coqueluche em Paris e ganhou projeção internacional.

Quando o grupo se desfez, ainda na década de 1970, Rogério continuou na capital francesa, onde passou a trabalhar com outras coisas, entre elas decoração. Ficou trinta anos morando lá, sem nunca mais subir em um palco. Não deixou de lado, porém, o jeito irreverente de se vestir. Gostava de ousar nas combinações de roupas – melhor ainda se tivessem brilho.

Em 2008, depois de ser diagnosticado com diabetes e hepatite C, voltou a morar com os pais em Miracema, no interior do Rio de Janeiro, onde nascera. Tornou-se reservado e passou a fazer parte do coral da Igreja Católica. No entanto, quando lhe perguntavam, falava com prazer sobre as histórias de seu passado de sucesso.

Participou das gravações de *Dzi Croquettes*, o documentário de Tatiana Issa e Raphael Alvarez sobre o grupo, e aprovou o espetáculo *Dzi Croquettes em Bandália*, montado pelo ex-companheiro Ciro Barcelos.

Após a morte do pai, no ano passado, ficou ainda mais doente. Morreu em 15 de março, depois de cinco dias em coma, aos 61 anos. Deixou a mãe, o irmão, Reginaldo, e sobrinhos.

Em sua lápide, está escrito: "Aqui brilha uma estrela".

23.3.2014

ANA MARIA DOS SANTOS

Mãe de santo, cozinhou para Jorge Amado

Foi no terreiro de sua mãe, dona Arcanja, no Engenho Velho da Federação, em Salvador, que Ana Maria passou toda a infância. Ainda muito jovem aprendeu a cozinhar moquecas, vatapás e acarajés. Segundo a família, os dotes lhe renderam o emprego de cozinheira de Jorge Amado, em sua casa no Rio Vermelho. Ela dizia que o patrão adorava sua moqueca.

Aos vinte anos, deixou a casa do escritor e tornou-se uma "baiana do acarajé", com bata rendada, saia vermelha rodada, colares de contas e lenço de cabeça. Para ela, a indumentária tão conhecida das rodas de candomblé era obrigatória, já que o preparo de seus quitutes (muitos deles consumidos em festejos religiosos) exigia o respeito sagrado.

Durante 35 anos vendeu acarajé e bolinhos de estudante na faculdade de arquitetura da UFBA (Universidade Federal da Bahia). Nos corredores da faculdade, começou a interessar-se por política e foi convidada a integrar a militância do PC do B (Partido Comunista do Brasil) da Bahia.

Nesse meio-tempo, com a morte de sua mãe, assumiu a responsabilidade de ser a chefe do terreiro da família. A partir daí, ficou conhecida em Salvador como Mãe Ana das Quartinhas. Filha de Iansã, que na religião africana é uma deusa guerreira, Ana Maria tinha a fama de ser firme e obstinada. Quando algum problema surgia, costumava bater no peito e dizer "me chamo Ana e farei jeito nisso".

Morreu aos 63 anos em Salvador, vítima de câncer. Deixou marido, três filhos, sete netos e duas bisnetas.

17.4.2014

DONATO D'ÂNGELO

Tratou a perna de Roberto Carlos

Donato D'Ângelo já era um ortopedista renomado quando, num hospital do Rio de Janeiro, recebeu um paciente de cerca de catorze anos, vindo de Cachoeiro do Itapemirim, no Espírito Santo. Anos antes, o jovem sofrera um acidente em que perdera parte da perna.

Com técnicas aprendidas na Itália, o médico submeteu o garoto a uma cirurgia definitiva e o tratou com toda a atenção e zelo. Contam os amigos que o médico providenciou até mesmo um lugar para que Laura, a mãe do jovem, pudesse dormir ao lado do filho, na enfermaria.

Naquele mesmo ano, o jovem paciente iniciou a carreira artística que o fez ser internacionalmente conhecido. Seu nome era Roberto Carlos.

Desde que o "rei" reencontrou o médico que o ajudara na juventude, encheu-o de elogios e homenagens. Na celebração das bodas de ouro de Donato com Wanda, o cantor apareceu de surpresa para os convidados e, na catedral de Petrópolis, cantou "Emoções". Anos mais tarde, quando o médico completou oitenta anos, repetiu a homenagem no mesmo local, dessa vez cantando "Jesus Cristo".

Nascido em Petrópolis, no Rio de Janeiro, Donato era filho de um imigrante italiano e com apenas quinze anos iniciou sua graduação na Faculdade Fluminense de Medicina.

Foi responsável por trazer ao Brasil técnicas inovadoras na traumatologia mundial. Foi presidente da Sociedade Brasileira de Ortopedia e Traumatologia e reconhecido internacionalmente pelo seu trabalho. Morreu no dia 24 de abril aos 95 anos, por complicações de um AVC (acidente vascular cerebral). Deixou seis filhos, dezessete netos e doze bisnetos.

27.4.2014

RODOLFO KONDER

Jornalista, denunciou assassinato de Herzog

Em 1975, quando Vladimir Herzog foi morto, Rodolfo Konder também estava preso em uma cela no DOI-Codi. Ao ser solto, foi o primeiro a denunciar o assassinato do amigo, enquanto o regime militar tentava emplacar a versão de suicídio.

Konder era um opositor da ditadura que militou pelo Partido Comunista Brasileiro (PCB). Também já havia se exilado e retornado ao Brasil para trabalhar como jornalista.

Com a redemocratização, tornou-se presidente da ABI (Associação Brasileira de Imprensa) e fundou a Anistia Internacional no Brasil. Konder trabalhou e colaborou para quase todas as grandes redações do país.

Apesar da formação de esquerda, foi secretário municipal de Cultura de São Paulo nos governos de Paulo Maluf (1993-1996) e de Celso Pitta (1997-2000). Segundo o irmão, Leandro Konder, Rodolfo sempre consultava os amigos para tomar suas decisões na pasta.

Foi diretor do Masp, professor de jornalismo e escritor, com 33 livros publicados.

É lembrado pela família e por amigos como alguém irreverente, irônico e charmoso. Morreu em 1º de maio, de câncer de pulmão. O corpo foi cremado em Itapecerica da Serra, na Grande São Paulo. Rodolfo deixa, além do irmão, uma irmã, um filho e a mulher, Silvia Gyuru, com quem foi casado por quase quarenta anos.

Em nota, o Instituto Vladimir Herzog disse que Konder desempenhou papel de fundamental importância na derrocada da ditadura no Brasil.

3.5.2014

MYLTON SEVERIANO DA SILVA

Mestre no texto e no acordeão

Sua fala podia ser mansa, mas as ideias surgiam com rapidez na cabeça do escritor e jornalista Mylton Severiano da Silva.

Myltainho, como era chamado pelos amigos, escrevia suas observações em pequenos pedaços de papel. Ao final do dia, os bolsos estavam repletos de anotações sobre assuntos que poderiam render livros ou reportagens.

Filho de um sapateiro e de uma dona de casa, nasceu em Marília, no interior de São Paulo.

Trabalhou em vários veículos da imprensa. Começou sua carreira na *Folha de S.Paulo*, na década de 1960, e passou por *O Estado de S. Paulo*, *Jornal da Tarde*, TV Globo e TV Tupi. Foi um dos fundadores da revista *Caros Amigos*.

Era leitor compulsivo e saía de casa sempre com um impresso em mãos. Certa ocasião, perdeu um voo ao engatar na leitura de um romance comprado no aeroporto. Em um ritual supersticioso, dizia reler *Dom Casmurro*, de Machado de Assis, todos os meses de janeiro para começar o ano bem.

Além da escrita, era apaixonado por música. Formou-se acordeonista, tocava piano e admirava Bach e Mozart. Nos últimos tempos, dedicou-se intensamente a seu primeiro disco, no qual tocava melodias, quase todas de sua autoria, no acordeão.

Calmo e paciente, costumava ser procurado pelos amigos para dar conselhos. Recentemente, havia pegado gosto por fazer fotografias com celular, depois de renegar o aparelho por anos.

Myltainho morreu em 9 de maio, aos 74 anos, após um infarto. Deixou três filhos.

12.5.2014

FLÁVIO DE CARVALHO SERPA

Ás do jornalismo científico no Brasil

Para muitos colegas de profissão, Flávio de Carvalho Serpa era "o homem mais inteligente do mundo". Havia ainda quem o considerasse o "mestre Yoda" do jornalismo científico nacional.

Tamanha admiração deve-se, entre outras coisas, à sua capacidade de escrever sobre qualquer tema ligado à ciência e de traduzir para o público leigo assuntos cabulosos como o bóson de Higgs. Tudo isso de forma despretensiosa; não fazia esforço para parecer um gênio – também entendia muito de tecnologia e informática.

Seus textos costumavam trazer pitadas de ironia, comuns em suas conversas, engraçadas e entrecortadas por risadas. Era assim até ao encontrar "monstros" da física: conversava como se estivesse batendo papo com um colega de redação.

Flávio era formado em física pela UFMG (Universidade Federal de Minas Gerais), mas achava que não seria bom professor. Mudou-se então para o Rio de Janeiro, onde começou a trabalhar no jornal *Opinião*. Ainda nos anos 1970, radicou-se em São Paulo e ajudou a criar o semanário *Movimento*, ao qual se dedicou até a última edição, em 1981. Depois, passou por publicações como *Folha de S.Paulo*, *O Estado de S. Paulo*, *Veja*, *Superinteressante*, *Scientific American* e *Galileu*.

Em casa, sua diversão era montar e consertar coisas, ao estilo "professor Pardal". Também adorava brincar com os sobrinhos-netos. Encarava até a piscina de plástico para se divertir com os pequenos.

Fumante, morreu em 23 de junho, aos 66 anos, por causa de problemas pulmonares. O enterro foi realizado em Belo Horizonte, sua terra natal. Deixou irmãos e sobrinhos.

24.6.2014

ANDRÉ OLIVIERI SETARO

Cultivou a memória do cinema

"Eu não acho que uma palavra possa explicar a vida de um homem", diz o repórter Thompson em *Cidadão Kane*, de 1941, que André Setaro tinha como o melhor filme já feito. Contudo, a palavra "cinema" diz muito da vida do crítico e professor universitário.

Nascido no Rio de Janeiro, partiu ainda criança para a Bahia, de onde não sairia mais. Formado em direito, alimentou sua cinefilia na cultura cinematográfica da Bahia dos anos 1960, quando foi aluno do crítico Walter da Silveira. Em 1979, começou a ensinar audiovisual na UFBA (Universidade Federal da Bahia). Iria se aposentar em agosto de 2014.

A crítica e o cinema do século XX encantavam-no, e seus textos publicados desde 1974 no jornal *Tribuna da Bahia* voltavam-se sempre a esse universo, salpicando referências a nomes como Paulo Emílio Salles Gomes e Ingmar Bergman. Queria transportar seu leitor a um momento melhor. Para ele, os críticos viraram "resenhistas" e os filmes eram feitos "em série, como salsichas".

Nas redes sociais, praticava o humor reconhecido por amigos e alunos, compartilhando fotos de sua musa, Brigitte Bardot, e defendendo seu direito de fumar tranquilamente onde quisesse.

O último filme a que assistiu na tela grande foi *Hiroshima, meu amor*, de 1959, de Alain Resnais, um dos seus diretores preferidos. Nele, aparece a questão que o saudosista Setaro repetia: "Por que negar a evidente necessidade da memória?".

Morreu em 10 de julho, aos 63 anos, após infarto. Deixou a viúva, Irene, e a filha, Francesca.

16.7.2014

Após 65 anos juntos, casal morre com quarenta minutos de diferença no Rio Grande do Sul

Oficialmente, passaram 65 anos juntos, mas Italvino Possa reivindicava pelo menos um ano a mais, do período de namoro. O fim chegou para os dois no mesmo dia, sexta-feira, 3 de outubro, em camas vizinhas de um hospital em Porto Alegre.

Em 1948, num baile em Marau, a 260 km da capital gaúcha, ele conhecera Diva Alves de Oliveira. Dali em diante, nunca mais se desgrudaram.

O casamento foi pouco depois, em 14 de maio de 1949. No início, viveram numa propriedade rural no Rio Grande do Sul, onde plantavam soja. A família dele tinha muitos empregados e arrendava terras. Moraram em Marau e na capital gaúcha, mas foi em Passo Fundo (RS) que passaram a maior parte da vida.

Italvino, filho de imigrantes italianos, deixou de ser colono para se tornar motorista de caminhão. Por trinta anos, como lembra a filha Fátima Possa Nunes, de 58 anos, ele exerceu a profissão na Companhia Estadual de Energia Elétrica. Quando se aposentou, já morava em Porto Alegre. Diva sempre foi dona de casa.

Dos dez filhos que tiveram, três morreram cedo. Um dos bebês viveu apenas um dia. Outro filho morreu aos 25 anos e uma filha, aos 15.

Os dois eram parecidos, segundo Fátima. Ambos gostavam de contar piadas, mas Diva era mais reservada. Italvino, que chamava a mulher de "mãe" (ela se referia a ele pelo nome de batismo), costumava preparar chimarrão todas as manhãs e levar para Diva ainda na cama.

Em casa, caminhavam juntos pelo jardim para cuidar das plantas. Cada um tinha um poodle, e ele era apegado a Chiquinho, sua calopsita. Gostavam também de cantar os hinos da igreja adventista que frequentavam.

Brigas existiam. "Como todo casal", comentou a filha Fátima. "Eles eram normais. Não tiveram uma vida só de alegrias."

Em agosto de 2013, ao visitar o médico devido a um sangramento no nariz, Italvino descobriu uma leucemia. Ficou três meses internado. Ao sair, ganharia uma nova rotina: a de entrar e sair de hospitais. Todas as semanas, fazia transfusões de sangue. Nessa época, Diva "perdeu o chão", conta a filha: "Era ele quem fazia as compras e pagava as contas".

Em janeiro de 2014, foi a vez de ela se queixar de dores. Em março, descobriu um tumor na bexiga. O médico desaconselhou a cirurgia, e a saída foi fazer quimioterapia. "Ela começou bem o tratamento, mas quinze dias depois voltou para o hospital e não saiu mais", lembra Fátima.

Diva estava internada desde maio no Hospital São Lucas, em Porto Alegre. No dia 3 de outubro, Italvino deu entrada no mesmo local, com hemorragia. Como havia passado a noite chamando pela mulher, foi colocado no mesmo quarto que ela. Italvino dissera à filha que a mulher o avisara de que tinha morrido.

No quarto, Fátima encostou uma cama na outra e juntou as mãos do casal. Italvino morreu às 15h, aos 89 anos. Diva, que conseguira ver todos os filhos antes de entrar em coma, no mesmo dia, morreu quarenta minutos depois. Estava com oitenta anos.

O casal foi enterrado junto em Alvorada, cidade próxima a Porto Alegre. Tiveram catorze netos e seis bisnetos.

8.10.2014

Fonte dos textos na *Folha de S.Paulo*

Miguel Idalgo: o primeiro patrão de Lula. "Cotidiano", 25/10/2007, p. 10. Autor: Willian Vieira.

Elisabete Hart: a eterna voz do Oscar. "Cotidiano", 30/10/2007, p. 4. Autor: Willian Vieira.

José Correa, o maior devedor do BB. "Cotidiano", 2/11/2007, p. 4. Autor: Willian Vieira.

Gratagliano, o pracinha. "Cotidiano", 4/11/2007, p. 4. Autor: Willian Vieira.

Waldemar Chodren, um "manezinho". "Cotidiano", 12/11/2007, p. 6. Autor: Willian Vieira.

Moysés Deutsch: doutor Bom Retiro. "Cotidiano", 13/11/2007, p. 4. Autor: Willian Vieira.

Maria Peixoto, filha e mulher do poder. "Cotidiano", 14/11/2007, p. 4. Autor: Willian Vieira.

Carlos dos Santos e o posto de gasolina. "Cotidiano", 23/11/2007, p. 4. Autor: Willian Vieira.

Max Ernst Mangels, o herdeiro dos baldes. "Cotidiano", 24/11/2007, p. 8. Autor: Willian Vieira.

Menezis Balbo e o futebol do usineiro. "Cotidiano", 26/11/2007, p. 7. Autor: Willian Vieira.

Maria Antinolfi e o preço da vaidade. "Cotidiano", 27/11/2007, p. 4. Autor: Willian Vieira.

Um Kafka naturalizado brasileiro. "Cotidiano", 2/12/2007, p. 12. Autor: Sérgio Dávila.

Luiza Sato, massagista dos famosos. "Cotidiano", 4/12/2007, p. 6. Autor: Willian Vieira.

Jayme Pasmanik, o terno e a moda. "Cotidiano", 12/12/2007, p. 4. Autor: Willian Vieira.

Borges de Barros, grande voz do humor. "Cotidiano", 28/12/2007, p. 4. Autor: Willian Vieira.

Cláudio Camunguelo, flauta de bamba. "Cotidiano", 30/12/2007, p. 5. Autor: William Vieira.

Paulo Patarra, o pai da revista *Realidade*. "Cotidiano", 22/01/2008, p. 4. Autor: Willian Vieira.

Beto Carrero, setenta anos de história do caubói brasileiro. "Cotidiano", 2/02/2008, p. 12. Autor: Willian Vieira.

Saburo Bajo e seus cem anos de história. "Cotidiano", 4/02/2008, p. 7. Autor: Willian Vieira.

Jordão Pereira e o código do sucesso. "Cotidiano", 13/02/2008, p. 4. Autor: Willian Vieira.

Thesca, o silicone e a odisseia particular. "Cotidiano", 20/02/2008, p. 4. Autor: Willian Vieira.

Haroldo de Andrade, pioneiro do rádio. "Cotidiano", 4/3/2008, p. 4. Autor: Willian Vieira.

Sérgio de Souza: jornalista, idealista da *Caros Amigos*. "Cotidiano", 26/3/2008, p. 6. Autor: Juca Kfouri.

Edevair de Souza Faria: pai de Romário fez o filho rimar com gol. "Cotidiano", 23/5/2008, p. 4.

Enéas Freire: ele abria a folia com o canto do Galo. "Cotidiano", 10/6/2008, p. 4. Autor: Fábio Guibu.

Pedro Pecy Barbosa de Araújo: foi às compras e matou o vigilante. "Cotidiano", 10/7/2008, p. 4. Autores: Estêvão Bertoni e Renata Baptista.

Breno Higino Mello: Orfeu foi negro e jogador de futebol. "Cotidiano", 15/7/2008, p. 4. Autor: Estêvão Bertoni.

Fernando Teixeira de Andrade: um professor de letras até o último dia. "Cotidiano", 21/7/2008, p. 4. Autor: Willian Vieira.

Angelo Margarido e suas mil bengalas baratas para cegos. "Cotidiano", 10/8/2008, p. 9. Autor: Willian Vieira.

Stella Maris Caymmi: morre mulher de Dorival Caymmi. "Cotidiano", 28/8/2008, p. 6. Autor: Luisa Belchior.

Faustin von Wolffenbüttel: a imprensa livre de Fausto Wolff. "Cotidiano", 11/9/2008, p. 4. Autor: Estêvão Bertoni.

Gigante Brazil: o enérgico baterista de Itamar Assumpção. "Cotidiano", 30/9/2008, p. 4.

Albino Gualberto de Oliveira: um táxi, um bombeiro e um coqueiro. "Cotidiano", 15/10/2008, p. 6. Autor: Estêvão Bertoni.

Dulce Damasceno de Brito: uma confidente brasileira em Hollywood. "Cotidiano", 11/11/2008, p. 4. Autor: Estêvão Bertoni.

Jaime Lacerda de Almeida: o voo de zepelim do perito em álcool. "Cotidiano", 14/11/2008, p. 4. Autor: Estêvão Bertoni.

Celso De Paula Garcia: o radialista esportivo que garimpou Zico. "Cotidiano", 25/11/2008, p. 4. Autor: Estêvão Bertoni.

Elenita Souza Bonfim: um bom fim para 1.039 provérbios. "Cotidiano", 27/11/2008, p. 4. Autor: Estêvão Bertoni.

Manoel Abrantes: um português no reino das batidas. "Cotidiano", 15/12/2008, p. 4. Autor: Estêvão Bertoni.

Hilário Rodrigues dos Santos: os livros lhe ensinaram a arte de nadar. "Cotidiano", 16/12/2008, p. 4. Autor: Estêvão Bertoni.

Amélia Neves de Brito: "Amélia de verdade, como na música". "Cotidiano", 22/12/2008, p. 4. Autor: Estêvão Bertoni.

Hélio Gracie: patriarca dos Gracie, precursor do jiu-jítsu. "Cotidiano", 30/01/2009, p. 4. Autor: Caio Jobim.

Guerino Cicon: por trás da máscara de Fantomas. "Cotidiano", 6/4/2009, p. 3. Autor: Estêvão Bertoni.

Julieta Paganossi: seu casamento durou mais de 81 anos. "Cotidiano", 10/7/2009, p. 4. Autor: Estêvão Bertoni.

Shotaro Shimada: professor Shimada, o precursor da ioga no Brasil. "Cotidiano", 30/9/2009, p. 4. Autor: Estêvão Bertoni.

Egberto Lacerda Teixeira: a carreira do ponderado advogado de Rockefeller. "Cotidiano", 30/10/2009, p. 6. Autor: Estêvão Bertoni.

Luiz Sadaki Hossaka: mais antigo funcionário do Masp, com 59 anos de Museu. "Cotidiano", 9/11/2009, p. 7. Autor: Clarice Cardoso.

Duílio Domingos Martino: o implacável pesquisador da seleção. "Cotidiano", 17/11/2009, p. 4. Autor: Estêvão Bertoni.

Luis Fernando Schuartz: o professor citado no rodapé por Habermas . "Cotidiano", 26/11/2009, p. 6. Autor: Estêvão Bertoni.

Marcelo Waligora: um homem do *show business* e seu Po-ro-jeto SP. "Cotidiano", 7/12/2009, p. 4. Autor: Estêvão Bertoni.

Joanna Parisi Lombardi: a mãe de Lombardi morreu sete dias após o filho. "Cotidiano", 13/12/2009, p. 10. Autor: Estêvão Bertoni.

Albina Diniz Bergamin: na prática, ela só atendia quando era chamada de Mercedes. "Cotidiano", 17/01/2010, p. 4. Autor: Estêvão Bertoni.

José Dias Herrera: o primeiro fotógrafo a registrar Pelé. "Cotidiano", 19/01/2010, p. 4. Autor: Estêvão Bertoni.

István Jancsó: húngaro que deu a vida à universidade. "Cotidiano", 24/3/2010, p. 3. Autor: Estêvão Bertoni.

Norá Barcellos Leite: Lalá queria ir de novo à Disney ao fazer oitenta anos. "Cotidiano", 14/4/2010, p. 8. Autor: Estêvão Bertoni.

Maria Cecília Bicalho Kehl: ela se entregou aos filhos e encantou os netos. "Cotidiano", 1º/5/2010, p. 6. Autor: Estêvão Bertoni.

Marlyse Madeleine Meyer: a mulher que sabia demais. "Cotidiano", 20/7/2010, p. 4. Autor: Marco Rodrigo Almeida.

Gabriella Pallavicini Pascolato: fez os tecidos finos da moda. "Cotidiano", 25/8/2010, p. 5. Autor: Felipe Caruso.

Roberto de Pessoa: o paraquedista brasileiro nº 1. "Cotidiano", 18/9/2010, p. 4. Autor: Estêvão Bertoni.

Leo Paul Rothrauff: um monge dos EUA em Vinhedo. "Cotidiano", 26/9/2010, p. 4. Autor: Estêvão Bertoni.

Dina Kolker Lacerda: teve um amor à Romeu e Julieta. "Cotidiano", 9/11/2010, p. 4. Autor: Estêvão Bertoni.

Enrique Svirsky Sompolinsky: o ambientalista e o basquete. "Cotidiano", 6/12/2010, p. 4. Autor: Estêvão Bertoni.

Electra Delduque de Barros: as mudas no jardim de Electra. "Cotidiano", 16/12/2010, p. 4. Autor: Estêvão Bertoni.

Cecilia Miranda de Carvalho: última irmã viva de Carmen Miranda. "Cotidiano", 27/5/2011, p. 4. Autor: Estêvão Bertoni.

Rosinery Mello do Nascimento Barcelos da Silva: a fogueteira do Maracanã. "Cotidiano", 7/6/2011, p. 4. Autor: Luiza Souto.

Estamira Gomes de Sousa: protagonista do filme *Estamira*. "Cotidiano", 30/7/2011, p. 4. Autor: Juliana Vaz.

João da Costa Falcão: cuidou da segurança de Luís Carlos Prestes. "Cotidiano", 3/8/2011, p. 4. Autor: Andressa Taffarel.

Nadir Gouvêa Kfouri: reitora da PUC na invasão de 1977. "Cotidiano", 15/9/2011, p. 4. Autor: Estêvão Bertoni.

Marlene França Ippolito: atriz que vendeu frutas na feira. "Cotidiano", 27/9/2011, p. 4. Autor: Estêvão Bertoni.

Olivia Arns: irmã que alfabetizava crianças. "Cotidiano", 14/10/2011, p. 8. Autor: Estêvão Bertoni.

Henri Robin: ajudou a fundar a Bic no Brasil. "Cotidiano", 16/12/2011, p. 6. Autor: Estêvão Bertoni.

João Bittar Neto: fotógrafo, editor e uma referência moral. "Cotidiano", 19/12/2011, p. 4. Autor: Eduardo Geraque.

Maria Nogueira Lucarelli: viúva de um ponte-pretano roxo. "Cotidiano", 2/01/2012, p. 6. Autor: Estêvão Bertoni.

Carlos Roberto Piazzoli: das bandas de rock ao sertanejo. "Cotidiano", 7/01/2012, p. 4. Autor: Estêvão Bertoni.

Antônio dos Santos Clemente Filho: dr. Clemente, médico e fundador da Apae. "Cotidiano", 9/01/2012, p. 6. Autor: Estêvão Bertoni.

Melanie Berezovsky Singer: socióloga apaixonada por crianças e cães. "Cotidiano", 13/01/2012, p. 6. Autor: Estêvão Bertoni.

Fernando Peixoto: ator e ensaísta, nunca deixou de renovar. "Cotidiano", 16/01/2012, p. 4.

Isaías Ambrósio: funcionário mais antigo do estádio do Maracanã. "Cotidiano", 20/01/2012, p. 4. Autor: Estêvão Bertoni.

Elaine Cesar: cineasta lutou contra o câncer na gravidez. "Cotidiano", 27/01/2012, p. 6.

Alberico Costa Barros Júnior: o carteiro e o dia de São Sebastião. "Cotidiano", 29/01/2012, p. 2. Autor: Estêvão Bertoni.

Abraham Kasinski: empresário fundador da Cofap e da Kasinski. "Cotidiano", 10/02/2012, p. 6. Autor: Eduardo Sodré.

Zulmira Pesqueira Mendonça: uma positiva professora de francês. "Cotidiano", 12/02/2012, p. 4. Autor: Estêvão Bertoni.

Manoel Carlos Gonçalves de Almeida Júnior: jornalista apaixonado por teatro. "Cotidiano", 13/02/2012, p. 6. Autor: Iuri de Castro Tôrres.

Nereide Alves de Barros: desfilou fantasiada de coração. "Cotidiano", 23/02/2012, p. 6.

Jandira Augusta Venício: a cacique guarani "mãe de todos". "Cotidiano", 7/3/2012, p. 4. Autor: Estêvão Bertoni.

Ernani Pires Ferreira: falava 352 palavras por minuto. "Cotidiano", 19/3/2012, p. 4.

Pier Luigi Grandi: Piero, o precursor das cantinas italianas. "Cotidiano", 19/4/2012, p. 6. Autor: Luiza Fecarotta.

Antenor de Lara Campos Filho: pichou "CÃO FILA K26" pelo país. "Cotidiano", 5/5/2012, p. 4. Autor: Estêvão Bertoni.

Cláudio de Souza: o sétimo funcionário da editora Abril. "Cotidiano", 12/6/2012, p. 8. Autor: Estêvão Bertoni.

Luiz Camargo Wolfmann: Luizão, o "chefão" do Carandiru. "Cotidiano", 15/6/2012, p. 8. Autor: André Caramante.

Arnaldo Lopes Süssekind: o último remanescente dos criadores da CLT. "Cotidiano", 10/7/2012, p. 6.

Antônia Pereira Braga: centenária quilombola de Mesquita. "Cotidiano", 19/7/2012, p. 4. Autor: Estêvão Bertoni.

Esmeralda Mansur de Carvalho Guanaes Gomes: engenheira à frente de seu tempo. "Cotidiano", 22/8/2012, p. 4. Autor: Andressa Taffarel.

José Carlos dos Santos: Ruço, autor do gol na invasão do Maracanã. "Cotidiano", 4/9/2012, p. 8. Autor: Lucas Reis.

Kazumi Ogawa: sobreviveu à bomba de Nagasaki. "Cotidiano", 11/9/2012, p. 3. Autor: Fernanda Kalena.

Toshiro Ono: o saci-pererê japonês e bossa-nova. "Cotidiano", 31/10/2012, p. 4. Autor: Fabiano Maisonnave.

Carlos Alberto da Silva: o rei Roberto Carlos, só que *cover*. "Cotidiano", 28/11/2012, p. 4. Autor: Estêvão Bertoni.

Humberto Leopoldo Magnavita Braga: advogado que escreveu o próprio obituário. "Cotidiano", 11/12/2012, p. 4. Autor: Estêvão Bertoni.

Orestes Golanovski: Orestes, O+, doou sangue 187 vezes. "Cotidiano", 23/12/2012, p. 4. Autor: Estêvão Bertoni.

Zuleika Alambert: a primeira deputada estadual de Santos. "Cotidiano", 1º/01/2013, p. 3. Autor: Estêvão Bertoni.

Ubiratan Castro de Araújo: Bira Gordo, professor e historiador. "Cotidiano", 6/01/2013, p. 8. Autor: Estêvão Bertoni.

Marcelo Stella de Mello Ribeiro: um risonho piloto de helicóptero. "Cotidiano", 27/01/2013, p. 4. Autor: Estêvão Bertoni.

Ali Barakat Abbas: presidiu a primeira mesquita do Brasil. "Cotidiano", 30/01/2013, p. 7. Autor: Estêvão Bertoni.

Geraldo Galvão Ferraz: jornalista, tradutor e pensador da cultura. "Cotidiano", 11/02/2013, p. 8. Autor: Bruna Borges.

Carlos Alexandre Azevedo: uma criança marcada pela ditadura. "Cotidiano", 21/02/2013, p. 10. Autor: Estêvão Bertoni.

Jessie Freire Gomes dos Reis: médica que atendeu até os 92 anos. "Cotidiano", 8/3/2013, p. 8. Autor: Estêvão Bertoni.

João Baptista Altheman Bueno: músico que gravou com Tom Zé. "Cotidiano", 13/3/2013, p. 4. Autor: Estêvão Bertoni.

Yolanda Vidigal Meyer: fundadora, em 1963, da escola Vera Cruz. "Cotidiano", 26/3/2013, p. 6. Autor: Estêvão Bertoni.

Alessandro Renê Fabrício Nicolau: foi de São Paulo ao Alasca de moto. "Cotidiano", 31/3/2013, p. 4. Autor: Estêvão Bertoni.

Fuad Sallum: Fuad, o dono do Esquina Grill. "Cotidiano", 1º/4/2013, p. 4. Autor: Vanessa Correa.

Adherbal Guernelli de Oliveira Maia: "Prazer, Adherbal do Samaritano". "Cotidiano", 12/4/2013, p. 12. Autor: Estêvão Bertoni.

Alberto Chuairi: Turcão, um zagueiro artilheiro. "Cotidiano", 29/4/2013, p. 6. Autor: Juliana Ferreira.

Maria Helena Arrigucci: amava literatura e "fitas" de máfia. "Cotidiano", 12/5/2013, p. 4. Autor: Paulo Werneck.

Antonio Medina Rodrigues: um professor de literatura grega. "Cotidiano", 14/5/2013, p. 3. Autor: Estêvão Bertoni.

Olinto Arrivabene: contador e atleta na juventude. "Cotidiano", 23/5/2013, p. 4. Autor: Estêvão Bertoni.

Roberto Salvador Scaringella: fundador e ex-presidente da CET. "Cotidiano", 20/6/2013, p. 12. Autor: Estêvão Bertoni.

Francisco Scarpa: os vários negócios de Chico Scarpa. "Cotidiano", 25/6/2013, p. 8. Autor: Estêvão Bertoni.

Nello Roberto de Rossi: um ator italiano dono de cantina. "Cotidiano", 27/6/2013, p. 10. Autor: Estêvão Bertoni.

Flávio José del Carlo: um diretor de desenhos animados. "Cotidiano", 8/7/2013, p. 6. Autor: Estêvão Bertoni.

Michal Gartenkraut: o reitor que diplomou anistiados. "Cotidiano", 23/7/2013, p. 4. Autor: Estêvão Bertoni.

Antônio Vicente de Souza: Tonico, que tinha que ser prefeito. "Cotidiano", 28/7/2013, p. 4. Autor: Estêvão Bertoni.

Ricardo de Carvalho Ferreira: cientista amigo de Linus Pauling. "Cotidiano", 6/8/2013, p. 9. Autor: Andressa Taffarel.

Diamantina Torres Fontana: colecionou quase 3 mil xícaras. "Cotidiano", 8/8/2013, p. 4. Autor: Andressa Taffarel.

Rui Barboza Moreira Lima: combatente que lutou pela democracia. "Cotidiano", 15/8/2013, p. 6. Autor: Andressa Taffarel.

Carlos Goldstein: nunca cobrou por uma consulta. "Cotidiano", 18/8/2013, p. 4. Autor: Andressa Taffarel.

Ode Pereira de Melo: acostumada a vencer adversidades. "Cotidiano", 3/9/2013, p. 8.

Ivo Manoel de Jesus: cego que leu mais de 2 mil livros. "Cotidiano", 4/9/2013, p. 4. Autor: Andressa Taffarel.

Waldir Silva: coroado como Rei do Cavaquinho. "Cotidiano", 8/9/2013, p. 8. Autor: Ingrid Fagundez.

Aroldo Fedatto: o zagueiro que foi ídolo do Coritiba. "Cotidiano", 15/9/2013, p. 10. Autor: David Lucena.

Coracy Uchôa Pinheiro: a primeira moradora de Brasília. "Cotidiano", 22/9/2013, p. 10. Autor: Gabriela Terenzi.

Geneviève Hélène Boyé: viveu sessenta anos com os tapirapés. "Cotidiano", 29/9/2013, p. 6. Autor: Marcelle Santos.

Diva Maria de Faria Burnier: foi colega de Dilma na prisão. "Cotidiano", 30/9/2013, p. 4. Autor: Andressa Taffarel.

Cora Pabst: inspirava obras do marido, Aldemir Martins. "Cotidiano", 5/10/2013, p. 2. Autor: Andressa Taffarel.

Gabriela Silva Leite: ex-prostituta, fundou a Daspu. "Cotidiano", 12/10/2013, p. 9. Autor: Lucas Vettorazzo.

Maria da Luz Teixeira de Carvalho: irmã Adélia e a aparição de Nossa Senhora. "Cotidiano", 17/10/2013, p. 4. Autor: Andressa Taffarel.

Renato Venicius Canini: era o contrário de Zé Carioca. "Cotidiano", 2/11/2013, p. 6. Autor: Andressa Taffarel.

Waldomiro Zarzur: o construtor do arranha-céu paulistano. "Cotidiano", 4/11/2013, p. 6. Autor: Cida Alves.

Hélio da Silva Cardoso: da janela do hotel, viu a mulher pela primeira vez. "Cotidiano", 10/01/2014, p. 4. Autor: Andressa Taffarel.

Honorina Ascári Ulian: recebeu do sogro o dom de benzer. "Cotidiano", 2/02/2014, p. 8. Autor: Andressa Taffarel.

Renato Ribeiro Pompeu: jornalista em vários formatos. "Cotidiano", 10/02/2014, p. 4.

Ernesto Paulelli: o Arnesto do samba de Adoniran Barbosa. "Cotidiano", 27/02/2014, p. 4. Autor: redação do *Agora*.

Elza Maria Meira Marsiglio Schwarz: "Vovó Pode-Pode" aprendeu a pilotar. "Cotidiano", 28/02/2014, p. 4.

Jayme Leão: ilustrador deixa marca na literatura juvenil. "Cotidiano", 12/3/2014, p. 5.

Rogério de Souza Poly: ator da trupe Dzi Croquettes. "Cotidiano", 23/3/2014, p. 4. Autor: Andressa Taffarel.

Ana Maria dos Santos: mãe de santo, cozinhou para Jorge Amado. "Cotidiano", 17/4/2014, p. 4. Autor: Fabrício Lobel.

Donato D'Ângelo: tratou a perna de Roberto Carlos. "Cotidiano", 27/4/2014, p. 12. Autor: Fabrício Lobel.

Rodolfo Konder: jornalista, denunciou assassinato de Herzog. "Cotidiano", 3/5/2014, p. 6. Autor: José Marques.

Mylton Severiano da Silva: mestre no texto e no acordeão. "Cotidiano", 12/5/2014, p. 4. Autor: Regiane Teixeira.

Flávio de Carvalho Serpa: mestre do jornalismo científico no Brasil. "Cotidiano", 24/6/2014, p. 4.

André Olivieri Setaro: cultivou a memória do cinema. "Cotidiano", 16/7/2014, p. 6. Autor: Guilherme Seto.

Após 65 anos juntos, casal morre com 40 minutos de diferença no Rio Grande do Sul. "Cotidiano", 8/10/2014, p. 3. Autor: Estêvão Bertoni.

Índice onomástico

G

Este livro foi composto na fonte Albertina
e impresso em janeiro de 2015 pela Corprint,
sobre papel pólen soft 80 g/m².